leitura e produção textual

ADA MAGALY MATIAS BRASILEIRO

2016

© Penso Editora Ltda., 2016

Gerente editorial: *Arysinha Jacques Affonso*

Colaboraram nesta edição:

Coordenadora editorial: *Verônica de Abreu Amaral*

Assistente editorial: *Camila Piccinini*

Leitura final: *Carolina Utinguassú Flores*

Processamento pedagógico: *Caroline Vieira*

Capa e projeto gráfico: *Tatiana Sperhacke – TAT Studio*

Imagem da capa: *ksushsh/iStock/Thinkstock*

Editoração: *Estúdio Castellani*

Fontes das imagens:
p. 25: da-vooda/iStock/Thinkstock
p. 35: nadyaillyustrator/iStock/Thinkstock
p. 74: tapilipa/iStock/Thinkstock
p. 83: bodaa/iStock/Thinkstock

As Normas ABNT são protegidas pelos direitos autorais por força da legislação nacional e dos acordos, convenções e tratados em vigor, não podendo ser reproduzidas no todo ou em parte sem a autorização prévia da ABNT – Associação Brasileira de Normas Técnicas. As Normas ABNT citadas nesta obra foram reproduzidas mediante autorização especial da ABNT.

Reservados todos os direitos de publicação à
PENSO EDITORA LTDA., uma empresa do GRUPO A EDUCAÇÃO S.A.
Av. Jerônimo de Ornelas, 670 – Santana
90040-340 – Porto Alegre – RS
Fone: (51) 3027-7000   Fax: (51) 3027-7070

SÃO PAULO
Av. Embaixador Macedo Soares, 10.735 – Pavilhão 5
Cond. Espace Center – Vila Anastácio
05095-035 – São Paulo – SP
Fone: (11) 3665-1100   Fax: (11) 3667-1333

SAC 0800 703-3444 – www.grupoa.com.br

É proibida a duplicação ou reprodução deste volume, no todo ou em parte, sob quaisquer formas ou por quaisquer meios (eletrônico, mecânico, gravação, fotocópia, distribuição na Web e outros), sem permissão expressa da Editora.

IMPRESSO NO BRASIL
PRINTED IN BRAZIL

Autora

▶ ADA MAGALY MATIAS BRASILEIRO

Graduada em Letras (Português, Inglês e Literaturas); especialista em Língua Portuguesa, Didática e Tecnologia do Ensino Superior e Linguística; mestra em Língua Portuguesa e doutora em Linguística e Língua Portuguesa pela PUC Minas. Atualmente, é professora da Faculdade Pitágoras e atua nas pós-graduações de várias instituições mineiras. Dedica-se às áreas de Metodologia Científica e Linguagem, com ênfase em Língua Portuguesa, atuando principalmente nos seguintes temas: ensino de produção de texto, linguística textual, discurso docente, interacionismo sociodiscursivo, metodologia e pesquisa científica. É autora dos livros: *Manual de Produção de Textos Acadêmicos e Científicos*; *Estilo e Método*; e de outras publicações que abrangem os temas linguagem e metodologia, sobre os quais também produz material didático para o ensino a distância.

capítulo 1 — Comunicação, linguagem e discurso ... 1

TEORIA DA COMUNICAÇÃO ... 3

TEXTO COMO ATIVIDADE DE LINGUAGEM: INTERACIONISMO SOCIODISCURSIVO ... 6
- ▶ Atenção à comunicação verbal escrita ... 7

DOMÍNIOS, GÊNEROS E PORTADORES DISCURSIVOS ... 8

TIPOS TEXTUAIS ... 11
- ▶ Descrição ... 11
- ▶ A descrição e os cinco sentidos ... 12
- ▶ Operações da descrição ... 14
- ▶ Narração ... 15
  - Elementos da narração ... 15
  - Estrutura da narração ... 17
- ▶ Tipos de discurso ... 18
- ▶ Injunção ... 19
  - Gêneros injuntivos ... 19
  - Suportes injuntivos ... 19
- ▶ Dissertação ... 20
  - Estruturação do texto dissertativo ... 21

ATIVIDADES ... 21

RESUMO ... 27

ATIVIDADES ... 27

capítulo 2 — Leitura, produção e análise de textos ... 31

CONCEPÇÕES E ESTRATÉGIAS DE LEITURA ... 32
- ▶ Estratégias de leitura ... 34
  - Relações textuais ... 35
  - Relações contextuais ou pragmáticas ... 36
  - Relações intertextuais ou culturais ... 36

LENDO E PRODUZINDO TEXTOS TÉCNICOS ... 37
- ▶ Produções da área administrativa ... 39

- A interação eficaz nas corporações 42
- Atenção à comunicação não verbal 43

LENDO E PRODUZINDO TEXTOS ACADÊMICO-CIENTÍFICOS 48
- Resumo 49
- Resenha 49
- Ensaio 49
- Fichamento 50
- Projeto de pesquisa 50
- Relatório 50
- Artigo científico 52
- Monografia 52

TEXTO LITERÁRIO E SUAS ESPECIFICIDADES 54
RESUMO 58
ATIVIDADES 58

capítulo 3 — Uso da língua portuguesa culta 63

CONCORDÂNCIA VERBAL E CONCORDÂNCIA NOMINAL 64
- Concordância nominal 64
- Concordância verbal 67
  - Casos de concordância com o sujeito composto 70
  - Casos de concordância com verbos impessoais 72
  - Casos de concordância com o verbo ser 73

REGÊNCIA VERBAL E REGÊNCIA NOMINAL 74
- Aspirar 76
- Assistir 76
- Chamar 77
- Visar 77
- Esquecer/Lembrar 78
- Preferir 79
- Simpatizar 79
- Querer 79
- Namorar 80
- Obedecer 80
- Ver 80

PONTUAÇÃO, CRASE E USO DO PORQUÊ 80
- Pontuação 80
- Crase 87
  - Outros usos da crase 87
- Uso do porquê 89

EM CONTATO COM A PESQUISA CIENTÍFICA: EXPLORAÇÃO DE UM ARTIGO ... 90

RESUMO 104
ATIVIDADES 104

capítulo 4 Língua: uma atividade em construção 109

COESÃO E COERÊNCIA TEXTUAIS 110
- Mecanismos de coesão referencial 111
- Mecanismos de coesão sequencial 112
- Operadores lógico-semântico-argumentativos 112

O PODER DA ARGUMENTAÇÃO 119
- Argumentos demonstrativos ou comprobatórios 121
  - Fatos 121
  - Exemplos 121
  - Ilustrações 121
  - Dados estatísticos 121
  - Testemunho (ou argumento de autoridade) 121
- Argumentos baseados em raciocínio lógico 121
  - Raciocínio dedutivo 121
  - Raciocínio indutivo 122
- Argumentos baseados em raciocínios quase-lógicos 122
- Argumentos baseados em raciocínios falaciosos ou sofismas 123
  - Falácias formais 123
  - Falácias não formais ou materiais 124

RECURSOS ESTILÍSTICOS E VÍCIOS DE LINGUAGEM 127
- Figuras de linguagem 127
- Figuras de palavra 127
- Figuras de harmonia 131
- Figuras de pensamento 132
- Figuras de sintaxe 134
- Vícios de linguagem 138

NOVA ORTOGRAFIA 140
- Modificações ortográficas no português do Brasil 140
- Mudanças na acentuação 140
- Modificações no uso do hífen 142

EM CONTATO COM A PESQUISA CIENTÍFICA: EXPLORAÇÃO DE UM ENSAIO ... 146
RESUMO 150
ATIVIDADES 150

Referências 155
Índice 159

Comunicação, linguagem e discurso

neste capítulo você estudará:

>> Os preceitos básicos das **TEORIAS DA LINGUAGEM**: teoria da comunicação e teoria do interacionismo sociodiscursivo.

>> As **FORMAS DE COMUNICAÇÃO** verbal, não verbal e escrita, bem como suas interações.

>> Os **TIPOS TEXTUAIS** e suas características e estruturas específicas.

leitura e produção textual

Nós, seres humanos, temos necessidade essencial de nos comunicar uns com os outros, externar nossos sentimentos, ideias e intenções, interagir, estabelecer relações interpessoais anteriormente inexistentes, influenciar o outro. Para isso, usamos a linguagem, melhor dizendo, as linguagens. Convencionalmente, consideramos linguagem todo e qualquer sistema de códigos que serve de meio de comunicação entre os indivíduos. Desde que se atribua um valor ou significado a determinado sinal, passa a existir uma linguagem. Visto que se trata de todo e qualquer sistema de sinais, podemos considerar, então, que esses sistemas podem ser verbais, quando usamos a palavra; ou não verbais, quando usamos quaisquer outros signos, sejam eles gestos, expressões faciais, desenhos, cores, luzes, vestimentas e inúmeros outros.

Como elemento fundamental do sistema verbal, temos a **língua**, a parte social da linguagem, exterior ao indivíduo, que, por si só, não pode nem criá-la, nem modificá-la e que existe em virtude de uma espécie de contrato estabelecido entre os membros de uma comunidade. A língua é, portanto, um sistema simbólico que possibilita ao sujeito a participação social.

Ao efetivar essa participação, o homem produz a **fala**. Nela, o sujeito utiliza, além das convenções do seu idioma e do seu repertório vocabular, uma série de recursos não verbais, como expressões, tons e ritmos de voz, sotaques e regionalismos que tornam a fala um fenômeno individual e único.

Os nossos Parâmetros Curriculares Nacionais (BRASIL, 1998) para a educação básica consideram **linguagem** como uma ação interindividual orientada por uma finalidade específica. De acordo com esse documento, os homens e as mulheres interagem pela linguagem tanto em uma conversa informal, entre amigos, ou na redação de uma carta pessoal, como na produção de uma crônica, uma novela, um poema, um relatório profissional. Esses modos de interação modificam-se, dependendo das condições e da situação comunicativa, da formação dos interlocutores, da idade, da região onde vivem, das áreas em que atuam. Uma conversa informal que se produz hoje, por exemplo, não é a mesma de cem anos atrás. Essa mesma conversa tende a se diferenciar se mudarem os interlocutores. Uma conversa entre crianças difere-se de uma conversa entre advogados, ou entre mães de família, ou entre pessoas idosas etc.

Se é pela linguagem que nos comunicamos, temos acesso às informações, expressamos e defendemos pontos de vista, partilhamos ou construímos visões de mundo, podemos dizer, sem sombras de dúvidas, que a linguagem é um instrumento de poder. Por esse motivo, a escola tem a função e a responsabilidade de garantir a seus alunos o acesso aos saberes linguísticos necessários para o exercício da cidadania. Cabe à escola promover sua ampliação, de forma que, progressivamente, durante a educação básica, cada aluno se torne capaz de interpretar diferentes textos que circulam socialmente, de assumir a palavra e, como cidadão, de produzir textos eficazes nas mais variadas situações. Como esse desafio, muitas vezes, não tem sido vencido, as instituições de ensino superior têm disponibilizado a seus alunos disciplinas como esta, no intuito de contribuir para o efetivo uso da língua, especialmente, da norma culta.

TEORIA DA COMUNICAÇÃO

São várias as teorias que cercam a comunicação e a linguagem. Dentre elas, destacamos duas que, acreditamos, contribuirão efetivamente para o exercício da leitura do texto em profundidade. Elas são a teoria da comunicação, de Jakobson (1960), e a teoria Interacionista Sociodiscursiva, de Bronckart (1999).

A **teoria da comunicação** baseia-se em três pilares. O primeiro é a intenção, pois todo processo de comunicação ocorre em virtude de uma finalidade do emissor, isto é, falamos ou escrevemos porque queremos informar, orientar, emocionar, questionar, criticar, persuadir, aproximar, enfim, o evento de comunicação não acontece ao acaso.

O segundo pilar relaciona-se aos seis elementos da comunicação, já que todo processo de comunicação é constituído por um emissor, um receptor, uma mensagem, um código, um canal e um referente.

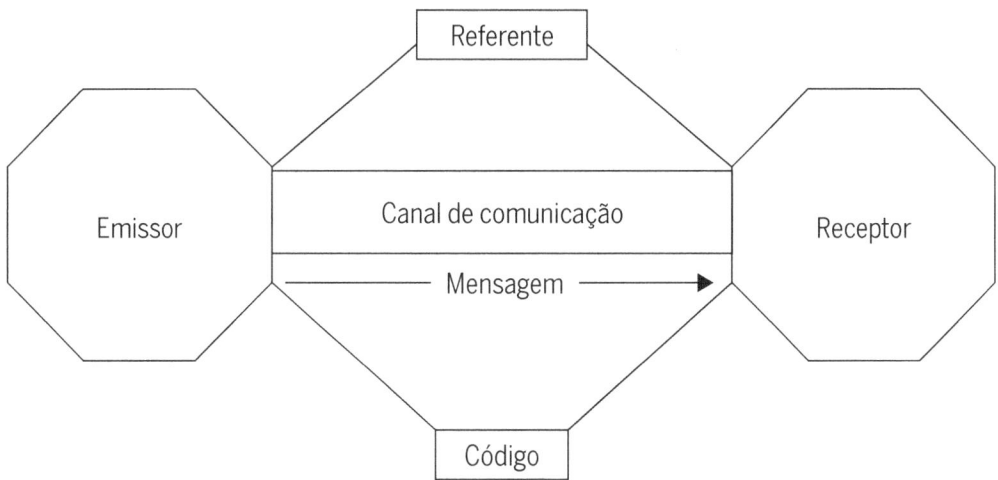

FIGURA 1.1 ▶ Esquema da teoria da comunicação.
Fonte: Baseado em Jakobson (1960).

De acordo com a Figura 1.1, o emissor é o produtor da mensagem, quem se responsabiliza pelo dito. Pode ser um indivíduo, um grupo, uma empresa, um órgão público etc. O receptor ou destinatário é o elemento a quem se destina a mensagem, pode ser uma pessoa, um grupo, uma instituição, um auditório, uma multidão, que irá ler ou ouvir o que o emissor tem a dizer. A mensagem é o objeto da comunicação e é constituída pelo conteúdo das informações. O código é o conjunto de sinais e regras de linguagem do qual o emissor lança mão para estruturar sua mensagem. Esses sinais podem ser verbais, não verbais ou mistos. O canal é o veículo por meio do qual a mensagem chegará ao receptor. É a via de circulação da mensagem. O referente ou contexto é constituído pela situação e pelos objetos reais aos quais a mensagem remete. Refere-se ao fato ocorrido; onde, como e quando ocorreu; quem estaria envolvido e em que circunstâncias ocorreu o fato.

Como exemplo geral dos elementos da comunicação, podemos considerar este livro:

- **Emissor** — sou eu, a autora.
- **Receptor** — é você, o leitor.
- **Mensagem** — proporcionar a você, leitor, reflexões sobre os processos e elementos que compõem o ato comunicativo, no intuito de levá-lo ao desenvolvimento da sua competência comunicativa.
- **Código** — utilizamos, aqui, a língua portuguesa escrita formal e culta.
- **Canal de comunicação** — é este livro veiculado por meio impresso e digital.
- **Referente** — falamos aqui sobre a língua portuguesa, suas características, regras, convenções, modos e uso etc.

O terceiro pilar da teoria da comunicação são as funções da linguagem. Jakobson defendeu que em todo ato de comunicação, dependendo da intenção do emissor, ele vai enfatizar um dos seis elementos, dando origem a uma função da linguagem. Assim, temos as seis funções da linguagem.

QUADRO 1.1 ▶ FUNÇÕES DA LINGUAGEM

ELEMENTO DA COMUNICAÇÃO ENFATIZADO	NOME DA FUNÇÃO DA LINGUAGEM	JUSTIFICATIVA	EXEMPLO
Emissor	Emotiva ou expressiva	Enfatiza a 1ª pessoa, o próprio emissor, seus sentimentos, suas opiniões.	Sinto-me bem agora! Considero essa obra muito estranha!
Receptor	Conativa ou apelativa	Enfatiza a 2ª pessoa, tenta convencê-lo de algo, persuadi-lo.	Corra agora pra loja! A promoção é por tempo limitado!
Mensagem	Poética	Ocorre quando o emissor valoriza o modo de registrar a mensagem, utilizando recursos literários e tornando-a, por isso, atrativa.	"O amor é um contentamento descontente." (Camões)
Código	Metalinguística	Passa a existir quando a linguagem fala dela mesma. É o código falando do código.	**Lua**. SF. Do latim *luna*. Único satélite natural da Terra. *Love* = amor
Canal	Fática	Visa estabelecer, prolongar ou interromper a comunicação e serve para testar a eficiência do canal.	Alô, alô, astronautas na Lua, vocês conseguem me ouvir?
Referente	Referencial ou denotativa	Aponta para os fatos, as informações e o sentido real das coisas e dos seres.	A chuva causou transtornos para os moradores do Morro do Chapéu, onde cinco barracões desmoronaram.

importante ▶▶

A teoria da comunicação auxilia o leitor na tarefa de explorar o texto, entender a intenção de quem fala, os elementos que a constituem e a função a que se presta. Essa teoria, apesar de essencial e de ter significado um avanço nos estudos da linguagem, ainda é insuficiente para se fazer uma leitura profunda de um texto. Para isso, recorreremos ao interacionismo sociodiscursivo.

TEXTO COMO ATIVIDADE DE LINGUAGEM: INTERACIONISMO SOCIODISCURSIVO

Sem desconsiderar os ensinamentos de Jakobson (1960), Bronckart (1999) propõe que demos mais atenção às questões contextuais que constituem o texto, a fim de que possamos sair da superficialidade do dito e partir para o que está por trás dele.

Vamos considerar a linguagem ou o discurso como uma atividade de interação dos sujeitos com o mundo, daí o nome da teoria: interacionismo sociodiscursivo. O interacionismo sociodiscursivo (ISD) é um posicionamento epistemológico, inscrito no movimento do interacionismo social, cujo objetivo principal é estudar o papel da linguagem e suas relações com o pensamento. É na linguagem (oral ou escrita) que se constrói a interpretação do agir. Podemos compreender a linguagem como um meio de interação e de construção da interpretação do agir e que caracteriza um modo de agir.

Nessa perspectiva, é necessário ir além da identificação dos seis elementos da comunicação e dar maior atenção ao que não está dito, mas que pode ser apreendido pelo que o discurso revela. É necessário não apenas identificar o emissor ou o receptor, mas buscar entender os sujeitos sócio-históricos que existem nesses elementos.

Em virtude disso, produtores e leitores de textos, diante de uma ação discursiva, devem questionar:

- Quem fala no texto? Essa voz que aqui é lançada representa que papel social? Quem é esse sujeito social, histórico, psicológico? O que ele faz? O que se sabe a respeito dele?
- Fala para quem? Que expectativas esse público-alvo pode ter perante o que você já conhece dele?
- Fala o quê? Qual é a materialidade do texto que está sendo apresentado? O que o texto diz literalmente?
- Por quê? Com que intenções explícitas ou subliminares? Que pistas verbais ou não verbais evidenciam a intenção? A literalidade do texto é fiel à intenção do autor?
- Como fala? Com que recursos e estratégias? Que gênero textual foi utilizado? Está adequado à intenção do sujeito emissor? Está comprometido com a linguagem conotativa ou denotativa? Usou recursos literários, persuasivos ou outros?
- Que efeitos são possíveis de acontecer? Perante o que você conhece do seu interlocutor, o que você acha que é previsível?
- Em que contexto (restrito e amplo) esse texto está inserido? O contexto restrito refere-se ao que circunda o próprio momento da produção do texto e o amplo refere-se às

questões políticas, sociais, históricas, jurídicas que interferem ou dizem respeito ao que se diz no texto. O conhecimento de mundo do leitor é fundamental no aprofundamento dessa questão.

- Com que outros textos ele dialoga? As vozes que aparecem no texto remetem a outros textos? Que outros textos você consegue reconhecer?

Essas análises, ora mais voltadas a quem produz, ora a quem recebe ou receberá o texto, ultrapassam a mera identificação e tornam-se essenciais a quem pretende desenvolver sua competência comunicativa.

ATENÇÃO À COMUNICAÇÃO VERBAL ESCRITA

A finalidade de quem escreve é interagir com o leitor de modo a atingir sua intenção e atender às expectativas de quem lê. Em um ambiente corporativo, a escrita tem um valor denotativo, muitas vezes, documental. Em virtude disso, ela merece mais cuidado, e demanda do autor algumas atenções especiais, como a norma culta, a clareza da escrita, a coesão e a coerência do texto, a adequação da linguagem e do gênero ao interlocutor e ao objetivo do texto, entre outros cuidados.

Para essa tarefa, algumas ações habituais associadas à organização costumam auxiliar muito. Vejamos algumas delas:

- Ao anotar algum recado, tenha atenção e organização enquanto anota;
- evite papéis soltos: números de telefones anotados em qualquer papel em branco ou em beiradas de cadernos são sinônimo de desorganização e atrapalham o andamento do trabalho;
- organização é hábito: tenha um caderno além da agenda com horários para que seja seu diário, anote tudo que precise somente neste caderno, com data sempre atualizada, e terá um amigo fiel que lhe ajudará a lembrar de situações que, muitas vezes, não são registradas nas agendas ou no computador;
- anotações nas mãos, nem pensar! Não existe coisa mais deselegante, pois o seu interlocutor sabe que aquele lembrete irá apagar;
- ao redigir um recado, e-mail ou solicitação é preciso ter cuidado com as normas de escrita. Lembre-se de que a obrigação de se fazer entender é de quem inicia a interação!

importante »

A organização é um ponto primordial no seu desempenho, pois além de evitar desperdício de tempo, torna o seu trabalho mais ágil e mais eficiente!

DOMÍNIOS, GÊNEROS E PORTADORES DISCURSIVOS

Domínios discursivos representam os discursos institucionais e são marcados por elementos que se reúnem para caracterizá-los, como os domínios jornalístico, religioso, literário etc. Esses domínios são formados por um conjunto de textos que servem a determinados campos de atividades ou campos comunicativos, que se realizam, segundo Marcuschi (2002), por meio de gêneros textuais.

Gênero textual [também designado gênero discursivo, gênero do (de) discurso] é uma forma concretamente realizada e encontrada nos diversos textos. Isto se expressa em designações diversas, construindo em princípio listagens abertas, como: telefonema, sermão, carta comercial, carta pessoal, romance, bilhete, reportagem jornalística, aula, notícia jornalística, horóscopo, receita culinária, bula de remédio, instruções de uso, *outdoor*, entre outros, que são produções histórica e socialmente situadas e relativamente estáveis. Sua definição não é linguística, mas de natureza sociocomunicativa (MARCUSCHI, 2002).

Portador textual (ou discursivo) é o suporte textual e tem a ver centralmente com a ideia de um portador do texto, mas não no sentido de um meio de transporte ou suporte estático, mas sim como um lugar no qual o texto se fixa, repercutindo sobre o gênero que suporta. O portador, para Marcuschi (2002), comporta três aspectos: é um lugar físico ou virtual, tem formato específico e serve para fixar e mostrar o texto. Um jornal, por exemplo, é portador de notícia, entrevistas, reportagens; um *outdoor* pode ser portador de anúncios, de declarações; e os livros podem ser portadores de poemas, contos, crônicas e muitos outros gêneros textuais.

No **domínio discursivo jornalístico** encontram-se os gêneros jornalísticos portadores de ampla circulação social. Eles têm como objetivo divulgar e comentar fatos e pontos de vista sobre produções culturais e acontecimentos de interesse social, os quais são relatados, comentados ou provocados. Nesse domínio, destacam-se vários gêneros:

▶ Notícias e reportagens se estruturam como relatos (narração de acontecimentos que responde às perguntas: O quê? Quem? Onde? Quando? Como? Por quê?).

▶ Artigos de opinião, editoriais e ensaios partem de fatos, mas não têm como objetivo fazer relato, mas sim, comentar esses fatos, defendendo pontos de vista frente a eles.

▶ Cartas do leitor, assim como resenhas, também são textos do mundo comentado. O primeiro comenta matérias publicadas pelo jornal ou revista, o segundo comenta diferentes produções culturais: esporte, peças teatrais, discos, filmes, livros etc.

▶ Entre os gêneros provocados temos, por exemplo, entrevistas e debates, que são criados pela instituição jornalística.

> **importante** >>
> Os gêneros que compõem o domínio jornalístico são, basicamente: notícias, entrevistas, reportagens, artigos de opinião, editoriais, resenhas, ensaios, cartas à redação e ao editor.

Domínio discursivo publicitário é composto por textos que aparecem em portadores de ampla circulação social: jornais, revistas, folhetos, cartazes, *outdoors*, tendo como objetivo persuadir o leitor a consumir produtos, ideias e serviços. Eles são geralmente curtos, construídos como textos verbais e não verbais (com imagens, diagramação especial, fotos), com uma silhueta estreitamente dependente do portador e do objetivo. São exemplos de gêneros discursivos publicitários: as propagandas, os anúncios, os classificados, os panfletos, os *folders*, as cartas publicitárias etc.

Domínio discursivo instrucional aparece em portadores destinados a circular dentro de um segmento social específico, como cartazes, folhetos, livretos. Eles têm como objetivo tornar o recebedor capaz de fazer alguma coisa. São construídos como uma sequência de informações e procedimentos que visam esclarecer como realizar determinada atividade para obter um resultado prático. São exemplos desse domínio discursivo os manuais de instruções, receitas culinárias e medicinais, regras de jogos, bulas, contas a pagar, formulários etc.

Domínio discursivo literário trata-se dos gêneros literários que aparecem, especialmente, em livros, mas podem também ser veiculados por jornais e revistas; não se ligam a nenhum objetivo imediato e pré-definido, mas buscam o prazer estético e funcionam, com frequência, como forma de entretenimento e ampliação cultural. Possuem forma, estrutura, linguagem e extensão altamente diversificada, mas são sempre marcados como textos que não fazem referência objetiva ao "mundo real". Podem ter uma estrutura narrativa ou épica (contos, lendas, fábulas, apólogos, parábolas, romances, epopeias), lírica ou dramática (peças de teatro) ou conceitual. São exemplos de gêneros discursivos literários: contos (de fadas, caipiras, urbanos, policiais), crônicas, lendas, fábulas, apólogos, parábolas, novelas, romances, epopeias, poemas, peças de teatro, filmes, histórias em quadrinhos etc.

Domínio discursivo acadêmico/científico/pedagógico tem como portadores usuais os livros e as revistas de divulgação científica, tendo como objetivo básico instruir, ensinar, produzir e divulgar saberes, ou seja, levar o leitor a assimilar conhecimentos e valores instituídos. Têm estrutura basicamente referencial e conceitual, apresentando sutis diferenças entre os três campos: pedagógico (mais direcionado à rotina de sala de aula);

acadêmico (produções de menor rigor, solicitadas na academia pelos professores); e científico (que se desenvolvem como um argumento completo, maior rigor e um princípio a partir de provas universalmente válidas). Os verbetes de dicionários são construídos como definições e os das enciclopédias como síntese explicativa dos conhecimentos básicos relacionados ao assunto.

importante »

Os principais exemplos do domínio discursivo acadêmico/científico/pedagógico são verbetes de dicionários, enciclopédias, teses, monografias, artigos, ensaios, relatórios de experimentações, avaliações, apostilas, slides de aulas, anotações de aulas etc.

Domínio discursivo documental e jurídico engloba textos que aparecem em portadores socialmente reconhecidos: tipos específicos de papéis timbrados e formulários, para terem validade devem ser assinados por pessoas investidas de certo tipo de poder, que têm como instituir a realidade, isto é, o que eles dizem passa a valer socialmente a partir do próprio ato de dizê-lo. Possuem estrutura, espacialização e linguagem fortemente marcadas por regras rígidas e fórmulas estereotipadas. Sua validade depende de fatores como data, assinatura, local de emissão e publicação. Embora ambos os domínios tenham validade documental, é possível distinguir um do outro, já que aqueles de domínio jurídico são textos que compõem as etapas de um processo judicial, sendo seus autores investidos de representação jurídica. Os gêneros são: petição, sentença, lei, recurso, decisão judicial, parecer etc.

Os gêneros com teor documental têm valor de verdade, de provas, mas os seus autores não precisam estar vinculados ao poder judicial para emiti-los. São exemplos disso cartas formais, procurações, requerimentos, atas, ofícios, declarações, abaixo-assinados, requerimentos, contratos etc. Atente-se que um requerimento, por exemplo, por ser documental, pode servir a um processo jurídico.

Domínio discursivo íntimo e pessoal tem como objetivo a expressão pessoal e a comunicação interpessoal. Não há interesse em que tenham ampla circulação social e aparecem em portadores específicos: cartões, cartas, telegramas, cadernos, cadernetas de anotações. Define, na própria estrutura, um emissor e um recebedor específicos. São textos datados e, normalmente, presos a acontecimentos circunstanciais da vida dos envolvidos. São exemplos: bilhetes, cartões, cartas, telegramas, diários, fofocas, recados, mensagens eletrônicas etc.

Domínio discursivo religioso tem como objetivo a invocação de entidades sobrenaturais, a disseminação de uma doutrina de fé, a catequização. Aparece em livros considerados sagrados, em livros orientadores dos rituais e destinados ao ensino da doutrina. Os textos religiosos estruturam-se em fórmulas fixas, como os mantras, ladainhas, que são considerados infalíveis e sagrados. Frequentemente, eles têm um sentido obscuro, baseiam-se na repetição de sons, ritmos e fórmulas institucionalmente estabelecidas. Podem assumir, como os sermões, um caráter persuasivo. São exemplos: rezas, ladainhas, sermões, textos sagrados, orações etc.

> **para saber +**
>
> Vimos que os domínios discursivos são compostos por inúmeros textos que servem a um ramo de atividades sociais. Esses textos, por sua vez, são modelos relativamente estáveis, pré-existentes na sociedade, dos quais lançamos mão no momento em que queremos comunicar. Pesquise mais sobre este tema em Marcuschi (2002).

TIPOS TEXTUAIS

Os tipos textuais são sequências discursivas que compõem todos os textos, ou seja, são partes constitutivas do texto. Essas partes/sequências podem assumir a função de descrever, narrar, relatar, persuadir sujeitos ou fazê-los agir. Assim sendo, um mesmo texto pode ter vários tipos textuais.

Uma reportagem, por exemplo, pode iniciar do relato de um acontecimento. Em seu desenvolvimento, pode caracterizar pessoas, objetos, espaços; discutir situações históricas, expor dados, enfim, em um mesmo texto, pode-se encontrar descrição, narração, dissertação e injunção. Exploremos, portanto, cada uma dessas tipologias textuais.

DESCRIÇÃO

> Somos muitos Severinos
> iguais em tudo na vida:
> na mesma cabeça grande
> que a custo se equilibra,
> no mesmo ventre crescido
> sobre as mesmas pernas finas,
> e iguais também porque o sangue
> que usamos tem pouca tinta.
> (MELO NETO, 1975)

Este texto apresenta características do Severino, como ele é, como é visto: cabeça grande, pernas finas, sangue com pouca tinta etc. Essa é a função da descrição: revelar o que foi observado em alguém, em algum objeto, em algum lugar. A descrição pretende que o leitor do texto possa perceber o que está sendo descrito, criando uma imagem mental, por meio de um retrato verbal que não se resume a enumerar adjetivos e fazer comparações, mas captar o traço distintivo, particular, o que diferencia aquele ser descrito de todos os demais de sua espécie. Nesse tipo textual, o fator tempo é considerado estático, já que o que se pretende é descrever uma espécie de fotografia.

A DESCRIÇÃO E OS CINCO SENTIDOS

O processo de caracterização requer habilidade de quem descreve para sensibilizar quem lê. Por isso, este trabalho se baseia na percepção, nos cinco sentidos:

Visão	Tato	Audição	Paladar	Olfato

Ao descrever a rua em que você mora, por exemplo, você utiliza:

- **Visão**: como você percebe a rua? Como é a sua forma? E as cores? E as casas? Que formas e cores têm?
- **Audição**: que sons ela tem? É ruidosa ou silenciosa? Que tipo de ruídos a caracteriza?
- **Olfato e paladar**: que cheiros existem nela? Estes cheiros podem nos lembrar alguns sabores?
- **Tato**: o chão, as árvores, as paredes possuem superfícies ásperas, lisas, quentes, frias etc.?

Como você pode perceber, descrever é uma atividade que educa e desenvolve os nossos sentidos, a nossa sensibilidade. Com essa prática, o nosso corpo fica mais sensível, mais "percebedor"; e nossa expressão, mais apurada. Podemos destacar três tipos de descrições: de **pessoa**, de **ambiente** e de **objeto**.

1. **Descrição de pessoa**: leia a descrição de Lúcia, personagem de José de Alencar:

    A lua vinha assomando pelo cimo das montanhas fronteiras; descobri nessa ocasião, a alguns passos de mim, uma linda moça, que parara um instante para contemplar no horizonte as nuvens brancas esgarçadas sobre o céu azul e estrelado. Admirei-lhe do primeiro olhar um talhe esbelto e de suprema elegância. O vestido que moldava era cinzento com orlas de veludo castanho e dava esquisito realce a um desses rostos suaves, puros e diáfanos, que parecem vão desfazer-se ao menor sopro, como os tênues vapores da alvorada. Ressumbrava na sua muda contemplação doce melancolia e não sei que laivos de tão ingênua castidade, que o meu olhar repousou calmo e sereno na mimosa aparição.

– Já vi esta moça! Disse comigo. Mas onde?... (ALENCAR, 1988)

Observe que Lúcia é retratada não só em sua beleza física: "talhe esbelto e de suprema elegância, um desses rostos suaves, puros e diáfanos", "mimosa aparição", mas também por características psicológicas: "doce melancolia", "ingênua castidade", que revelam seu jeito de ser ou seu possível comportamento. Um texto descritivo deve apresentar **aspectos físicos e psicológicos** do personagem.

Veja como se destacam as características psicológicas no trecho a seguir:

Meu pai era um sonhador, minha mãe uma realista.

Enquanto ela mantinha os pés firmemente plantados na terra, ele se deixava erguer no balão iridescente de sua fantasia, recusando ver a realidade, oferecendo a lua a si mesmo e aos outros, desejando sempre o impossível... (VERÍSSIMO, 1987).

Observe que há uma comparação entre as duas personagens quanto ao temperamento, inclinações e personalidade, retratando, assim, os aspectos emocionais dos pais.

2. **Descrição de ambiente**: leia o texto *No sossego*:

Não era feio o lugar, mas não era belo. Tinha, entretanto, o aspecto tranquilo e satisfeito de quem se julga bem com a sua sorte.

A casa erguia-se sobre um socalco, uma espécie de degrau, formando a subida para a maior altura de uma pequena colina que lhe corria nos fundos. Em frente, por entre os bambus da cerca, olhava uma planície a morrer nas montanhas que se viam ao longe; um regato de águas paradas e sujas cortava-a paralelamente à testada da casa; mais adiante, o trem passava vincando a planície com a fita clara de sua linha capinada; um carreiro, com casas, de um e de outro lado, saía da esquerda e ia ter à estação, atravessando o regato e serpeando pelo plaino. A habitação de Quaresma tinha assim um amplo horizonte, olhando para o levante, a "noruega", e era também risonha e graciosa nos seus muros caiados. Edificada com a desoladora indigência arquitetônica, das nossas casas de campo, possuía, porém, vastas salas, amplos quartos, todos com janelas, e uma varanda com uma colunata heterodoxa. Além desta principal, o sítio do "Sossego", como se chamava, tinha outras construções: a velha casa da farinha, que ainda tinha o forno intacto e a roda desmontada, e uma estrebaria coberta de sapê. (BARRETO, 1998?)

Logo no início, o autor destaca a quietude do lugar, um sítio. Situa a casa em uma pequena elevação, com uma colina nos fundos e uma cerca de bambus à frente, e, mais adiante, uma planície indo até às montanhas, cortada por um regato e por uma linha de trem. Além da casa principal, havia outras construções próximas, compondo a paisagem desse sítio.

Você pode perceber, os elementos no plano da **descrição externa**, com ambiente aberto: localização, pano de fundo e frente, e tudo o que estiver próximo do observador.

Quando se trata de **descrição interna**, ou seja, de ambientes fechados, o autor se preocupa em dizer sobre o tamanho do lugar, a cor, a disposição dos objetos nele, a luz, o formato, a textura, enfim, todos os seus componentes.

3. **Descrição de objeto**: Observe a descrição de uma pequena joia, por José de Alencar:

   > Ao sair vi um adereço de azeviche muito simplesmente lavrado, e por isso mesmo ainda mais lindo na sua simplicidade. Tênue filete de ouro embutido bordava a face polida e negra da pedra. Há certos objetos que um homem dá à mulher por um egoístico instinto do belo, só para ver o efeito que produzem nela. Lembrei-me que Lúcia era alva, e que essa joia devia tomar novo realce com o brilho da cútis branca e acetinada. Não resisti; comprei o adereço, e tão barato, que hesitei se devia oferecê-lo. (ALENCAR, 1988)

Nessa breve descrição, o autor diz sobre o **material** de que é feita a joia (azeviche), o seu **formato** delicado ("tênue filete de ouro embutido") e a sua **cor** ("bordava a face polida e negra da pedra"). Comenta ainda a **utilidade** da joia ("para ver o efeito") e o seu **preço** ("e tão barato").

Esses são os aspectos principais a serem observados na descrição de um objeto. Pode-se também acrescentar o seu **tamanho** e **peso**, se ele tem **cheiro** e a sua **origem**.

OPERAÇÕES DA DESCRIÇÃO

Ao descrever, o autor realiza quatro operações essenciais. São elas:

A) Nomeia e identifica seres, objetos, pessoas (Aline, Belo Horizonte, deputado, aluno, diretor).

B) Localiza esses seres no tempo e no espaço, por meio de expressões de localização espacial e temporal (em Minas Gerais, no Século XXI).

C) Quantifica-os de modo preciso ou impreciso (espaço para 50 alunos, várias tentativas, poucos...).

D) Qualifica-os objetiva ou subjetivamente (*objetiva*: branco, quente; *subjetiva*: belo, interessante, extraordinário).

para refletir !!!

Dificilmente você encontrará um texto **exclusivamente** descritivo. O que ocorre mais comumente é encontrar trechos descritivos inseridos em um texto narrativo ou dissertativo. Diante disso, para efeito de atividades avaliativas, é necessário o exercício de **parágrafos descritivos**, como forma de enriquecer o texto narrativo ou como argumento do texto dissertativo. É importante lembrar que, além da descrição de pessoa, ambiente e objeto, você pode ainda caracterizar situações, fatos, problemas.

NARRAÇÃO

Narrar é contar um ou mais fatos que ocorreram com determinadas personagens, em local e tempo definidos. Por outras palavras, é contar uma história, que pode ser real ou imaginária. Ao contrário da descrição, que é estática, a narração é eminentemente dinâmica, pois predominam os **verbos**. Na narração, o importante está na **ação**. Em "o que aconteceu?".

Ao investirmos nos estudos da narração, importa-nos, principalmente, explorar os elementos da narração, a estrutura da narrativa e os tipos de discurso. Vamos a eles!

▶ Elementos da narração

Todo texto narrativo conta um fato que se passa em determinado tempo e lugar. A narração só existe na medida em que há ação praticada pelos personagens. Um fato, em geral, acontece por uma determinada causa e desenrola-se envolvendo certas circunstâncias que o caracterizam. É necessário, portanto, mencionar o modo como tudo aconteceu detalhadamente, isto é, de que maneira o fato ocorreu. Um acontecimento pode provocar consequências, as quais devem ser observadas. Assim, os elementos básicos do texto narrativo são:

1. **Fato**: o acontecimento narrado. Esse acontecimento pode ser real, que gerará gêneros como notícia, ata, boletim de ocorrências; ou fictício, dando origem a textos como contos, fábulas, histórias em quadrinhos etc.

2. **Tempo**: define quando o fato ocorreu. Esse tempo pode ser cronológico, quando for textualmente definido, como ontem, no ano X, na primavera, ao cair da tarde, ou psicológico, quando o autor não revela a que tempo passado pertence o fato.

3. **Lugar**: é onde ocorre o fato. Esse espaço pode ser interno/fechado ou externo/aberto, dependendo das intenções do autor. Caso ele queira construir uma atmosfera de liberdade, por exemplo, o lugar pode ser uma praia; caso seja uma atmosfera de opressão, sufocamento, ele pode optar por uma narrativa em um quarto escuro.

4. **Personagens**: revela quem participou do ocorrido. Os personagens podem ser classificados por sua importância (principal, secundário, terciário...); por sua função (protagonistas ou antagonistas) ou por sua estrutura. Quanto à estrutura, os personagens podem ser:

   ▶ planos, quando suas ações são previsíveis. É o caso, por exemplo, da princesa dos contos de fada, cujas ações de bondade e ética são previstas para ela;

   ▶ circulares ou redondos, quando suas ações são imprevisíveis. Ocorre, por exemplo, com um personagem de índole maldosa, que precisa fazer o bem a alguém;

   ▶ típicos, quando se trata de personagens com características marcadas em todos daquela categoria, como é o caso de um cangaceiro, o seu modo de vestir, falar, agir.

5. **Modo**: incide sobre como se deu o acontecimento, em que circunstâncias ocorreu, suas causas e suas consequências. Relaciona-se, diretamente, ao enredo, à trama do texto.

6. **Narrador**: é quem conta a história. Ele pode ser de dois tipos:

   ▶ **Narrador de 1ª pessoa**: é aquele que participa da ação, ou seja, que se inclui na narrativa. Trata-se do **narrador-personagem**, ou da narração **subjetiva**.

   Exemplo:

   Andava pela rua quando, de repente, tropec**ei** num pacote embrulhado em jornais. Agarr**ei**-o vagarosamente, abr**i**-o e v**i**, surpreso, que lá havia uma grande quantia em dinheiro.

   ▶ **Narrador de 3ª pessoa**: é aquele que não participa da ação, ou seja, não se inclui na narrativa. Neste caso temos o **narrador-observador**, ou a narração **objetiva**.

   Exemplo 1:

   João andava pela rua quando de repente tropeç**ou** num pacote embrulhado em jornais. Agarr**ou**-o vagarosamente, abr**iu**-o e v**iu**, surpreso, que lá havia uma grande quantia em dinheiro.

   Exemplo 2:

   Pedro estava parado na paragem do autocarro, quando viu, a seu lado, um rapaz que caminhava lentamente pela rua, quando tropeçou num pacote embrulhado em jornais. Pedro, então, observou que o moço o agarrou com todo o cuidado, abriu-o e viu, surpreso, que lá havia uma grande quantia em dinheiro.

dica

O narrador de 1ª pessoa não precisa ser necessariamente a personagem principal. Pode ser somente alguém que, estando no local dos acontecimentos, presenciou-os.

▶ Estrutura da narração

Uma vez conhecidos os elementos da narrativa, resta saber como organizá-los para elaborar uma narração. Dependendo do fato a ser narrado, há inúmeras formas de dispô-los. Todavia, apresentamos uma estrutura, baseada nos estudos de Labov (1972), que pode ser utilizada para qualquer narrativa.

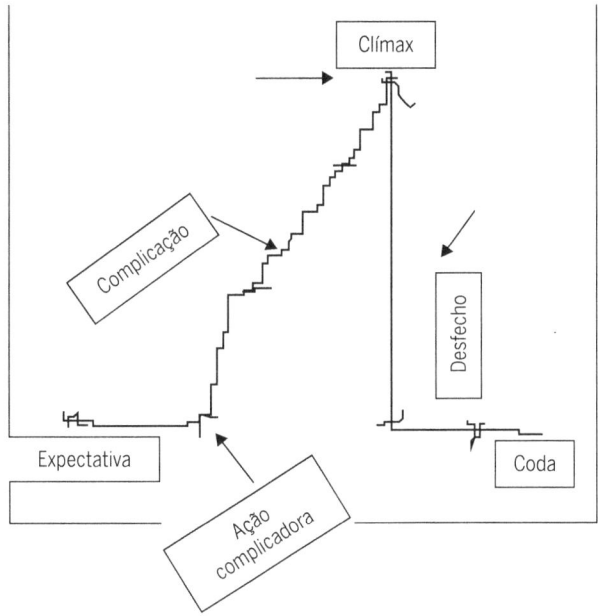

FIGURA 1.2 ▶ Esquema estrutural da narrativa.
Fonte: Baseado em Labov (1972).

Embora nem todas as narrativas contemplem todas as partes constantes da estrutura laboviana, entende-se que, na introdução, faz-se uma **orientação** para o leitor sobre os elementos da narrativa: espaço, tempo, lugar, personagens; o ambiente é, normalmente, de rotina.

Em seguida, há uma **ação complicadora**, que pretende quebrar a rotina anterior e provocar o desenrolar dos acontecimentos, de modo a prender a atenção do leitor ou ouvinte. Esse desenvolver da história recebe o nome de **complicação,** a qual conduz ao seu

clímax, que é o ápice da narrativa, o momento de maior tensão e que a conduz a uma **resolução**, ou seja, o fim da história, ou o retorno à rotina. Alguns autores ainda acrescentam a **coda**, que é uma espécie de resumo da narrativa, como a moral da história, que não se vê em todas as narrativas. Resumindo, temos:

> ORIENTAÇÃO ▸ AÇÃO COMPLICADORA ▸ CLÍMAX ▸ RESOLUÇÃO ▸ CODA

TIPOS DE DISCURSO

Outro aspecto de estudo que deve ser considerado, quando o assunto é narração, é a forma de tratar as falas dos personagens, isto é, os tipos de discurso utilizados. Basicamente, há três tipos:

1. **Discurso direto:** é a reprodução direta das falas dos personagens, que imprime maior agilidade ao texto e permite ao autor "mostrar" o que acontece em lugar de simplesmente "contar". Também permite utilizar o modo de falar dos personagens como elemento caracterizador.

    Exemplo:

    O rapaz, depois de estacionar seu automóvel em um pequeno posto de gasolina daquela rodovia, perguntou:

    – Venha cá, onde fica a cidade mais próxima?

    – Há um vilarejo a dez quilômetros daqui – respondeu o funcionário.

2. **Discurso indireto:** neste tipo de discurso, o narrador não mostra o que ocorreu, ele "conta" com suas palavras.

    Veja:

    O rapaz, depois de estacionar seu automóvel em um pequeno posto de gasolina daquela rodovia, perguntou a um funcionário onde ficava a cidade mais próxima. Ele respondeu que havia um vilarejo a dez quilômetros dali.

3. **Indireto livre:** é uma combinação dos dois anteriores, confundindo as intervenções do narrador com falas ou pensamentos dos personagens. É uma forma de narrar econômica e dinâmica, pois permite "mostrar e contar" os fatos a um só tempo.

Veja:

O rapaz, depois de estacionar seu automóvel em um pequeno posto de gasolina daquela rodovia, perguntou a um funcionário: "Venha cá, onde fica a cidade mais próxima?" que lhe respondeu: "há um vilarejo a dez quilômetros daqui.".

INJUNÇÃO

Trata-se do tipo textual cujo intuito é levar alguém a fazer algo. É o discurso que ocorre em situações em que o emissor tem o objetivo de orientar alguém na realização de tarefas ou para regulamentar práticas sociais.

O foco do discurso é a 2ª pessoa. A ele, o emissor indica: o que fazer, como fazer, por que fazer.

Os textos injuntivos estão em todos os lugares e cada vez com maior intensidade. A eficácia da injunção depende fundamentalmente de três fatores:

1. O locutor (emissor) deve construir comandos linguísticos imperativos: ordena, sugere, dá conselho, adverte, convida, pede, orienta, ameaça...

2. O locutor (emissor) necessita de representação legítima para emitir tais comandos. Sem ela, o enunciado não tem valor. É um conhecedor do tema ou alguém investido de poder de mando.

3. O destinatário deve ser predisposto a fazer o que lhe pedem e que valoriza o papel e a injunção do emissor.

▶ **Gêneros injuntivos**

leis, regimentos, estatutos e portarias; *slogans*; conselhos e horóscopo; regras de jogos; manuais de confecção, uso, instalação ou montagem; receitas de culinária, beleza e saúde; guias bancárias, de pagamento ou depósito; enunciados de questões de provas; cartilhas; convite; bulas etc.

▶ **Suportes injuntivos**

etiquetas e embalagens; panfletos promocionais; cartão telefônico; *outdoor*; livros, revistas e jornais; programa de rádio, telejornal e *sites*; correio eletrônico.

DISSERTAÇÃO

A dissertação é uma exposição, discussão ou interpretação de uma determinada ideia. Pressupõe um exame crítico do assunto, lógica, raciocínio, clareza, coerência, objetividade na exposição, um planejamento de trabalho e uma habilidade de expressão.

No discurso dissertativo propriamente dito, não se verifica, como na narração, progressão temporal entre as frases e, na maioria das vezes, o objeto da dissertação é abstraído do tempo e do espaço.

Alguns pontos essenciais desse tipo de texto são:

- toda dissertação é uma demonstração, por isso a necessidade de pleno domínio do assunto e habilidade de argumentação;
- em consequência disso, impõe-se a fidelidade ao tema;
- a coerência é tida como regra de ouro da dissertação;
- impõe-se sempre o raciocínio lógico;
- a linguagem deve ser objetiva e denotativa, qualquer ambiguidade pode ser um ponto vulnerável na demonstração do que se quer expor. Deve ser clara, precisa, natural, original, nobre e correta gramaticalmente. O discurso deve ser impessoal (evitar-se o uso da primeira pessoa).

Existem dois tipos de dissertação: a dissertação expositiva e a dissertação argumentativa. A primeira tem como objetivo expor, explicar ou interpretar ideias; a segunda procura persuadir o leitor ou ouvinte de que determinada tese deve ser acatada. Na dissertação argumentativa, além disso, tentamos, explicitamente, formar a opinião do leitor ou ouvinte, procurando persuadi-lo de que a razão está conosco.

Na dissertação expositiva, podemos explanar sem combater ideias de que discordamos. Por exemplo, um professor de História pode fazer uma explicação sobre os modos de produção, aparentando impessoalidade, sem tentar convencer seus alunos das vantagens e desvantagens deles. Mas, se ao contrário, ele fizer uma explanação com o propósito claro de formar opinião dos seus alunos, mostrando as inconveniências de determinado sistema e valorizando um outro, esse professor estará argumentando explicitamente.

Para a argumentação ser eficaz, os argumentos devem possuir consistência de raciocínio e de provas. O raciocínio consistente é aquele que se apoia nos princípios da lógica, que não se perde em especulações vãs, no "bate-boca" estéril. As provas, por sua vez, servem para reforçar os argumentos. Os tipos mais comuns de provas são: os fatos-exemplos, os dados estatísticos e o testemunho.

importante >>

O parágrafo é a unidade mínima do texto e deve apresentar: uma frase contendo a ideia principal (frase nuclear) e uma ou mais frases que explicitem essa ideia. Exemplo: "A televisão mostra uma realidade idealizada (ideia central) porque oculta os problemas sociais realmente graves (ideia secundária).

▶ **Estruturação do texto dissertativo**

O texto dissertativo pode estruturar-se de diferentes maneiras. Vejamos as mais recorrentes:

Enumeração: caracteriza-se pela exposição de uma série de coisas, uma a uma. Presta-se bem à indicação de características, funções, processos, situações, sempre oferecendo o complemento necessário à afirmação estabelecida na frase nuclear. Pode-se enumerar seguindo critérios de importância, preferência, classificação ou aleatoriamente.

Exemplo:

Inúmeros são os fatores que contribuem para que o adolescente moderno torne-se obeso. Dentre eles destaca-se, em primeiro lugar, a alimentação inadequada; na sequência, a falta de exercícios sistemáticos e por último, e talvez o mais importante, a demasiada permanência diante de computadores e aparelhos de tv.

atividades

1 ▶ Agora exercite dando continuidade aos parágrafos que seguem com a estrutura de enumeração:

    a) Existem várias razões que levam um homem a enveredar pelos caminhos do crime.

    b) A gravidez na adolescência é um problema seríssimo, porque pode trazer muitas consequências indesejáveis.

Comparação: a frase nuclear pode se desenvolver por meio de comparação, que confronta ideias, fatos, fenômenos e, também, apresentar as semelhanças ou dessemelhanças.

Exemplo:

"A juventude é uma infatigável aspiração de felicidade; a velhice, pelo contrário, é dominada por um vago e persistente sentimento de dor, porque já estamos nos convencendo de que a felicidade é uma ilusão, que só o sofrimento é real." (Arthur Schopenhauer)

2 ▶ Agora exercite dando continuidade aos parágrafos que seguem com a estrutura comparativa:
   a A tensão do futebol é igual à tensão da vida.
   b Comparando-se o antigo Código Nacional de Trânsito com o atual, percebe-se claramente que a lei exige mais responsabilidade do motorista.

Causa e consequência: a frase nuclear, muitas vezes, encontra no seu desenvolvimento um segmento causal (fato motivador) e, em outras situações, um segmento indicando consequências (fatos decorrentes).

Exemplo:

O homem, dia a dia, perde a dimensão de humanidade que abriga em si, porque os seus olhos teimam apenas em ver as coisas imediatistas e lucrativas que o rodeiam.

3 ▶ Agora exercite dando continuidade aos parágrafos que seguem com a estrutura de causa e consequência:
   a A tecnologia desenvolveu meios que possibilitam a comunicação entre pessoas que estejam separadas por milhares de quilômetros.
   b Na maioria dos povos primitivos e civilizados, o casamento monogâmico é encontrado com maior frequência que o poligâmico.

Tempo e espaço: muitos parágrafos dissertativos marcam temporal e espacialmente a evolução de ideias, processos.

Exemplo de estrutura utilizando o **tempo**:

A comunicação de massas é resultado de uma lenta evolução. Primeiro, o homem aprendeu a grunhir, depois deu um significado a cada grunhido, muito depois, inventou a escrita e só muitos séculos mais tarde é que passou à comunicação de massa.

Exemplo de estrutura utilizando o **espaço**:

Um dos aspectos geográficos que mais influenciam o tipo de solo é o clima. Nos climas úmidos, os solos apresentam forte decomposição de rochas, isto é, uma forte transformação da rocha em terra pela umidade e calor. Nas regiões mais temperadas e também nas mais frias, a camada do solo é pouco profunda e a decomposição é menos intensa.

4 ▶ Agora exercite dando continuidade aos parágrafos que seguem com a estrutura de tempo e espaço:

ⓐ O homem sempre buscou proteção ao longo de sua história.

ⓑ As novelas brasileiras tentam mostrar não mais apenas o Rio de Janeiro, mas também outras regiões brasileiras.

Explicitação: em um parágrafo dissertativo, pode-se conceituar, exemplificar e aclarar as ideias para torná-las mais compreensíveis.

Exemplo:

Artéria é um vaso que leva sangue proveniente do coração para irrigar os tecidos. Exceto no cordão umbilical e na ligação entre os pulmões e o coração, todas as artérias contêm sangue vermelho-vivo, recém oxigenado. Na artéria pulmonar, porém, corre sangue venoso, mais escuro e desoxigenado, que o coração remete para os pulmões para receber oxigênio e liberar gás carbônico.

5 ▶ Agora exercite dando continuidade aos parágrafos que seguem com a estrutura de explicitação:

ⓐ Os benefícios do esporte são muito apregoados hoje em dia.

ⓑ A internet é um auxílio rápido e eficaz às pesquisas escolares.

Antes de se iniciar a elaboração de uma dissertação, deve delimitar-se o tema que será desenvolvido e que poderá ser enfocado sob diversos aspectos. Se, por exemplo, o tema é a questão indígena, ela poderá ser desenvolvida a partir das seguintes ideias:

▶ A violência contra os povos indígenas é uma constante na história do Brasil.

▶ O surgimento de várias entidades de defesa das populações indígenas.

▶ A visão idealizada que o europeu ainda tem do índio brasileiro.

▶ A invasão da Amazônia e a perda da cultura indígena.

Depois de delimitar o tema que você vai desenvolver, é preciso fazer a macroestruturação do texto.

A estrutura do texto dissertativo constitui-se de:

▶ **Introdução:** deve conter a ideia principal a ser desenvolvida (geralmente um ou dois parágrafos). É a abertura do texto, por isso é fundamental. Deve ser clara e chamar a atenção para dois itens básicos: os objetivos do texto e o plano do desenvolvimento. Contém a proposição do tema, os seus limites, o ângulo de análise e a hipótese ou a tese a ser defendida.

▶ **Desenvolvimento:** exposição de elementos que vão fundamentar a ideia principal que pode vir especificada por argumentação, pormenores, ilustração, causa e consequência, definições, dados estatísticos, ordenação cronológica, interrogação e citação. No desenvolvimento são usados tantos parágrafos quantos forem necessários para a completa exposição da ideia. E esses parágrafos podem ser estruturados das cinco maneiras expostas anteriormente.

▶ **Conclusão:** é a retomada da ideia principal, que agora deve aparecer de forma muito mais convincente, uma vez que já foi fundamentada durante o desenvolvimento da dissertação (um parágrafo). Deve conter de forma sintética, o objetivo proposto na instrução, a confirmação da hipótese ou da tese, acrescida da argumentação básica empregada no desenvolvimento.

Observe o texto a seguir (PAIVA, 2013):

Vida ou morte

(Introdução)

A grande produção de armas nucleares, com seu incrível potencial destrutivo, criou uma situação ímpar na história da humanidade: pela primeira vez, os homens têm nas mãos o poder de extinguir totalmente a sua própria raça da face do planeta.

(Desenvolvimento por Explicitação)

A capacidade de destruição das novas armas é tão grande que, se fossem usadas em um conflito mundial, as consequências de apenas algumas explosões seriam tão extensas que haveria forte possibilidade de se chegar ao aniquilamento total da espécie humana. Não haveria como sobreviver a um conflito dessa natureza, pois todas as regiões seriam rapidamente atingidas pelos efeitos mortíferos das explosões.

(Conclusão)
Resta, pois, ao homem uma saída: mudar essa situação, desistindo da corrida armamentista e desviando para fins pacíficos os imensos recursos econômicos envolvidos nessa empreitada suicida. Ou os homens aprendem a conviver em paz, em escala mundial, ou simplesmente não haverá mais convivência de espécie alguma, daqui a algum tempo.

Na introdução, o autor apresenta o tema e a tese (desenvolvimento científico levou o homem a produzir bombas que possibilitam a destruição total da humanidade); no desenvolvimento, ele expõe os argumentos e explicita os fatores que apoiam a sua defesa inicial; e na conclusão, conclui o seu pensamento inicial, com base nos argumentos (PAIVA, 2013).

Na dissertação, podem-se construir frases de sentido geral ou de sentido específico, particular. Às vezes, uma afirmação de sentido geral pode não ser inaceitável, mas se for particularizada torna-se aceitável.

Exemplo:

É proibido falar ao telefone celular.
(Sentido geral)

É proibido falar ao telefone celular dirigindo.
(Sentido específico)

6 ▶ Exercite essa habilidade fazendo as especificações das afirmações e tornando-as aceitáveis, conforme o exemplo fornecido.

  a) A liberdade é perigosa.
  b) Assistir televisão é prejudicial à criança.

Quando o autor se preocupa principalmente em expor suas ideias a respeito do tema abordado, fica claro que seu objetivo é fazer com que o leitor concorde com ele. Nesse caso, tem-se a **dissertação argumentativa**. Para que a argumentação seja eficiente, o raciocínio deve ser exposto de maneira lógica, clara e coerente.

O autor de uma dissertação deve ter sempre em mente as possíveis reações do leitor e, por isso, deve considerar todas as possíveis contra-argumentações, a fim de que possa "cercar" o leitor no sentido de evitar possíveis desmentidos da tese que se está defendendo. As evidências são o melhor argumento.

QUADRO 1.2 ▶ ESQUEMA COMPARATIVO DOS TIPOS TEXTUAIS

TIPOS TEXTUAIS	DESCRIÇÃO	NARRAÇÃO	DISSERTAÇÃO
Conteúdo específico	Retrato verbal: imagem – aspectos que caracterizam, singularizam o ser ou o objeto descrito.	Relato de fatos que envolvem pessoas e ações e geram as circunstâncias em que estes ocorrem: tempo, lugar, causa, consequência etc.	Ideias – exposição, debate, interpretação, avaliação – explicar, discutir, interpretar, avaliar ideias.
Faculdade humana	Observação/percepção/relativismo dessa percepção.	Imaginação (fatos fictícios) – pesquisa – observação (fatos reais).	Predomínio de razão, reflexão, raciocínio, argumentação.
Trabalho de composição	Coleta de dados, seleção de imagens, aspectos singulares, classificação – enumeração das imagens e/ou aspectos selecionados.	Levantamento (criação ou pesquisa) dos fatos, organização dos elementos narrativos (fatos, personagens, ambiente, tempo e outras circunstâncias) e classificação/sucessão.	Levantamento das ideias, definição do ponto de vista dissertativo: exposição, discussão, interpretação.
Formas	Descrição subjetiva: criação e estrutura mais livre. Descrição objetiva: precisão, descrição e modo científico.	Narração artística: subjetividade, criação, fatos fictícios. Narração objetiva: fatos reais, fidelidade.	Dissertação científica – objetividade, coerência, solidez na argumentação, ausência de intervenções pessoais, emocionais, análise de ideias. Dissertação literária – criatividade e argumentação.

resumo

Neste primeiro capítulo, apresentamos duas significativas teorias da linguagem que muito nos auxiliam no processo de interpretação textual: a teoria da comunicação e a teoria do interacionismo sociodiscursivo.

Temos a primeira delas como uma entrada inicial no texto, por meio da qual identificamos a intenção do emissor, os elementos da comunicação e as funções da linguagem. Da teoria interacionista da linguagem, consideramos uma via de aprofundamento do texto, tentando entender questões contextuais caras ao discurso, como: quem são os sujeitos envolvidos na interação? O que representam? O que fazem? Quais são as suas bagagens histórico-sociais? O que é dito, como e por que é dito? Em que circunstâncias materiais ocorre a interação? Que outros discursos podem ser ouvidos, identificados no texto em análise?

Outro aspecto importante abordado neste capítulo foi a categorização dos textos, os seus domínios discursivos, os gêneros que os representam, os portadores e, finalmente, os tipos textuais que compõem cada texto.

Por fim, foi dada maior atenção ao texto dissertativo, por ser uma tipologia muito explorada na sociedade, como uma ferramenta de expor e defender ideias e posicionamentos. Sem dúvida, esses estudos assumem um *status* de grande importância no desenvolvimento das competências comunicativas, especialmente a habilidade discursiva.

atividades

Leia o texto a seguir (RUBENS, 2011):

Por melhores salários, professores fazem greve de fome em MG

Dois professores estaduais de Minas Gerais entraram em greve de fome para protestar por melhores salários.

Dois professores da rede estadual de educação protestam desde o final da tarde de segunda-feira em frente à Assembleia Legislativa de Minas Gerais (ALMG), em Belo Horizonte. Os educadores Abdon Geraldo Guimarães e Marilda de Abreu Araújo afirmaram que estão em greve de fome por tempo indeterminado e só pretendem sair do local quando as negociações salariais entre o governo e o Sindicato Único dos Trabalhadores em Educação de Minas Gerais (Sind-Ute) forem retomadas.

"O nosso propósito é que o governo se sensibilize e abra negociação com o sindicato, porque o que ele está oferecendo não atende à categoria, e também em solidariedade aos companheiros que estão desde o dia 8 em greve. Alguns estão até sem alimento em casa. Nós vamos ficar até o dia que o governo fizer abertura (das negociações), ou que a greve chegue ao fim", disse Marilda, que é diretora do Sind-Ute e da Confederação Nacional dos Trabalhadores em Educação (CNTE).

Em greve há 105 dias, os professores realizaram na tarde desta terça-feira mais uma assembleia em Belo Horizonte e decidiram pela manutenção da greve no estado. A medida desafia a decisão do Tribunal de Justiça de Minas Gerais (TJMG), que estabeleceu o retorno imediato dos professores para as salas de aula sob pena de multas que variam de R$ 20 a R$ 50 mil por dia não trabalhado. Uma nova assembleia foi marcada para a próxima terça-feira.

A assembleia da categoria ocorreu depois da reunião com o deputado Luiz Humberto Carneiro (PSDB), líder do governo na ALMG. Segundo o sindicato, "o parlamentar apenas reforçou a posição do governo e não houve avanço nas negociações". De acordo com o Sind-Ute, a instrução é para que a greve continue até que seja cumprido pelo governo mineiro o piso salarial nacional de R$ 1.187,00, determinado pelo Supremo Tribunal Federal (STF).

Em nota, a Secretaria de Educação apresentou instruções para que as escolas afetadas pela paralisação dos professores organizem os seus calendários para cumprir os 200 dias letivos obrigatórios. De acordo com a secretaria, serão utilizados todos os sábados a partir do próximo dia 24 e também os meses de janeiro e fevereiro de 2012. "A maioria das escolas que aderiu à greve não ficou o tempo todo parada, portanto a tendência é que as escolas façam calendários diferentes, com datas distintas para o fim do ano letivo de 2011", disse a secretaria em nota.

7 ▶ Ao explorar o texto "**Por melhores salários, professores fazem greve de fome em MG**" na perspectiva da teoria da comunicação, apenas NÃO se pode afirmar que:

- a ( ) O emissor é o enunciador do jornal e o receptor desejado é a comunidade acadêmica.
- b ( ) A função da linguagem predominante é fática.
- c ( ) O canal é o jornal eletrônico terra e o código é a língua portuguesa escrita.
- d ( ) A linguagem utilizada é comum, sendo culta, formal e simples.

8 ▶ Todas as alternativas a seguir podem ser apontadas como prováveis intenções do Jornal ao divulgar a matéria acima, EXCETO:

- a ( ) Criticar a ação dos professores em greve de fome.
- b ( ) Reforçar a legitimidade da greve dos professores.
- c ( ) Apoiar a ação dos professores em greve de fome.
- d ( ) Anunciar os baixos salários que recebem os professores mineiros.

9 ▶ Fazendo uma análise sociointeracionista discursiva da notícia lida, coloque (1) para as informações literais do texto, (2) para as que se referem ao contexto e (3) para as informações culturais, relacionadas ao julgamento do leitor:

- a ( ) Os professores mineiros da rede pública estadual encontram-se em greve há 105 dias.
- b ( ) A indiferença do governo em relação à greve é uma estratégia para enfraquecê-la.
- c ( ) A educação no Brasil vem sendo apontada como uma das piores do mundo nas provas internacionais.
- d ( ) O fato envolve a atitude de dois professores que se encontram em greve de fome.

10 ▶ Ainda com relação ao texto lido, a única opção que não contém informação implícita é:

- a ( ) As expressões faciais dos professores reveladas na ilustração.
- b ( ) A determinação de se reorganizar o calendário, considerando que a greve acabou.
- c ( ) A representação dos grevistas que, além de professores, são líderes sindicais.
- d ( ) A ordem judicial para os professores retornarem ao trabalho.

11 ▶ São exemplos de linguagem como instrumento de poder, EXCETO:

- a ( ) A voz de prisão emitida por um policial ao suspeito de um crime.
- b ( ) A abertura de uma seção de julgamento feito por um juiz.
- c ( ) A interação entre duas amigas, relatando fatos da noite anterior.
- d ( ) A negativa de um pai ao pedido de um filho menor, para ir a uma boate.

12 ▶ Indique em qual das proposições abaixo há um gênero que não corresponde ao domínio discursivo apresentado.

- a ( ) Domínio científico – projetos, artigo, monografia, ensaio.
- b ( ) Domínio jornalístico – notícia, artigo de opinião, entrevista, reportagem.
- c ( ) Domínio documental – ata, boleto, estatuto, conto.
- d ( ) Domínio literário – ladainha, poema, crônica, novela.

13 ▸ Trata-se de gêneros textuais pertencentes aos domínios discursivos **acadêmico** e **literário**, respectivamente.

- a ( ) projeto de pesquisa e fábula.
- b ( ) pareceres e cartão de apresentação.
- c ( ) atestado e charge.
- d ( ) bulas e conto.

14 ▸ Dos fragmentos abaixo, aponte o descritivo:

- a ( ) Hoje pintaram um quadro aqui que, se não houvesse ninguém para rebater, o acusado apodreceria na cadeia.
- b ( ) Excelências, este é quem dizem ser um réu. Um cidadão honesto, trabalhador, não é vadio, não é vagabundo. O acusado foi vítima das circunstâncias. Um fato isolado na sua vida. Não é como disse a nobre promotoria que o acusado só praticou crimes. É primário.
- c ( ) Meritíssimo, senhores jurados, senhor promotor: meu cliente não pode ser acusado deste crime.
- d ( ) Publique-se! Registre-se! Cumpra-se!

15 ▸ Dos fragmentos abaixo, aponte o que contém uma sequência narrativa:

- a ( ) Hoje pintaram um quadro aqui que, se não houvesse ninguém para rebater, o acusado apodreceria na cadeia.
- b ( ) Excelências, este é quem dizem ser um réu. Um cidadão honesto, trabalhador, não é vadio, não é vagabundo. O acusado foi vítima das circunstâncias. Um fato isolado na sua vida. Não é como disse a nobre promotoria que o acusado só praticou crimes. É primário.
- c ( ) Meritíssimo, senhores jurados, senhor promotor: meu cliente não pode ser acusado deste crime.
- d ( ) Publique-se! Registre-se! Cumpra-se!

GABARITO

7 – B; 8 – A; 9 –1 3 2 1; 10 – D; 11 – C; 12 – C; 13 – A; 14 – B; 15 – A.

>2

Leitura, produção e análise de textos

● **neste capítulo você estudará:**

>> Concepções e estratégias de **LEITURA**, os tipos de leitor e suas características e as relações textuais.

>> Conceitos sobre leitura e produção de textos **TÉCNICOS** E **ACADÊMICOS**.

>> Texto **LITERÁRIO** e suas diferentes classificações e especificidades.

> Deve-se escrever da mesma maneira como as lavadeiras lá de Alagoas fazem seu ofício. Elas começam com uma primeira lavada, molham a roupa suja na beira da lagoa ou do riacho, torcem o pano, molham-no novamente, voltam a torcer. Colocam o anil, ensaboam e torcem uma, duas vezes. Depois enxáguam, dão mais uma molhada, agora jogando a água com a mão. Batem o pano na laje ou na pedra limpa e dão mais uma torcida e mais outra, torcem até não pingar do pano uma só gota. Somente depois de feito tudo isso é que elas dependuram a roupa lavada na corda ou no varal, para secar. Pois quem se mete a escrever devia fazer a mesma coisa. A palavra não foi feita para enfeitar, brilhar como outro falso; a palavra foi feita para dizer. (RAMOS, 2005).
>
> *Graciliano Ramos – Revista Língua Portuguesa*

É bastante significativa a analogia construída por Graciliano Ramos entre o ato de escrever e a lavação de roupas feita pelas lavadeiras nordestinas. O processo de lavar as roupas demanda capricho, cuidado, etapas bem definidas, assim como o processo da escrita, que exige do autor tanto zelo quanto atenção, para que o texto consiga dizer aquilo para o qual foi concebido, pois "a palavra foi feita para dizer".

Neste capítulo, abordaremos, portanto, os processos de produção e recepção de textos, explorando algumas concepções e estratégias de leitura, a leitura e a produção de textos técnicos, científicos e literários. Vamos ao estudo!

CONCEPÇÕES E ESTRATÉGIAS DE LEITURA

Os estudos sobre pensamento e ação, teoria e prática têm chegado a um ponto de consenso: a maneira pela qual uma pessoa pensa um determinado processo (ler, escrever, participar, comunicar-se com, ensinar, aprender, trabalhar etc.) influencia diretamente as suas formas de agir quando esse processo é acionado em situações práticas da vida. Assim, a concepção de leitura que está em nosso pensamento é aquela que sustenta o modo como realizamos uma leitura (SILVA, 1999). Algumas delas são mais redutoras e outras mais interacionistas.

As concepções redutoras são aquelas que desconsideram elementos fundamentais da leitura, diminuindo a sua complexidade processual. Elas consideram, por exemplo, que:

▶ Ler é traduzir escrita em fala: é leitura em voz alta.

▶ Ler é decodificar mensagens: nesse tipo de leitura, não se considera o conhecimento prévio do leitor, a quem cabe a tarefa de receber as mensagens e não o esforço de produzir sentido com elas.

- Ler é dar respostas a sinais gráficos: sendo o texto um estímulo para o leitor, a quem cabe dar uma resposta pré-determinada pelo autor, descartando a possibilidade de múltiplos sentidos de um mesmo texto.

- Ler é extrair a ideia central: ao leitor cabe o papel de extrair o que há de mais importante no texto, sua essência.

- Ler é apreciar os clássicos: o leitor fica restrito aos clássicos, sem a oportunidade de apreciação dos inúmeros gêneros textuais disponíveis no mundo moderno.

Em outra vertente, a visão interacionista de leitura permite a busca de elementos que apontam para a abrangência da atividade de leitura. Segundo essa concepção:

- Ler é interagir: o leitor, por meio do seu repertório de conhecimentos prévios, articula ideias relacionadas ao texto e com ele interage. A leitura proporciona, portanto, um encontro entre professor, autor e leitor.

- Ler é produzir sentido: a riqueza de um texto é evocar múltiplos sentidos entre os leitores.

- Ler é compreender e interpretar: envolve um projeto de compreensão e um processo de interpretação.

importante >>

No exercício do aprimoramento de leitura, deve-se considerar as condições sociais, históricas e culturais nas quais o texto se insere, as práticas sociais e o contexto (situacional e cultural), além da sua relação com os gêneros do discurso. Na leitura contemporânea em estudos sobre letramento e práticas socioculturais de linguagem, tem-se a conjugação de ações de leitura com a determinação e funcionalidade dos gêneros do discurso.

Na **visão tradicional**, a leitura tem perspectiva mais limitada:

- O leitor é o recebedor, o alvo de intenções do autor.

- A interação entre texto e leitor ocorre na medida em que este último entende a intenção do autor.

- Leitura é, portanto, a capacidade de decodificação de um sentido único do texto.

Na **visão moderna**, comprometida com a perspectiva interacionista:

▶ O leitor é coautor do texto.

▶ Ao leitor cabe construir sentidos, acionando inúmeros outros textos e promovendo uma inter-relação entre eles.

▶ Quando o leitor trava contato com um texto, ele traz para o objeto de leitura suas ideologias, experiências pessoais e leitura de mundo.

▶ Leitura é, portanto, o processo de interação entre texto, autor e leitor.

QUADRO 2.1 ▶ TIPOS DE LEITORES

MAU LEITOR	BOM LEITOR
Concentra-se nas palavras	Concentra-se nas ideias
Acompanha a leitura com o movimento dos lábios	Não move os lábios
Move a cabeça à medida que lê	Só move os olhos
Lê em posição desconfortável	Lê com o corpo na posição correta
Não tem expectativa quanto à leitura	Pensa no que espera do livro
Volta com frequência ao início do livro	Lê sempre para frente
Não faz leitura de reconhecimento	Folheia o livro para decidir se vale a pena lê-lo
Não se importa com as palavras cujo significado desconhece	Procura no dicionário o significado das palavras que desconhece
O objetivo é chegar ao final do livro	O objetivo é tirar proveito da leitura
Lê apressadamente	Lê com calma
Não examina o livro	Lê o prefácio, o índice e a orelha do livro
Olha o número de páginas do livro	Preocupa-se com o conteúdo, não com o número de páginas

Fonte: Bastos e Keller (2004).

ESTRATÉGIAS DE LEITURA

O leitor maduro, proficiente, desenvolve estratégias para buscar evidências e pistas que auxiliam na construção dos possíveis sentidos de um texto. Antes, dependendo do objetivo que ele pretende alcançar com o texto, ele deve decidir se fará uma leitura horizontal ou vertical.

Leitura horizontal: é a leitura rápida, que se faz para tomar conhecimento do conteúdo geral do texto, por meio de títulos, subtítulos e da fixação de alguns parágrafos; visa-se à apreensão da macroestrutura textual. É superficial e caracteriza a leitura de textos que serão retomados posteriormente.

Exemplos:

a) Um leitor que folheia um jornal, apenas lendo os títulos dos cadernos e suas manchetes.

b) A leitura dos tópicos e subtópicos de um artigo científico.

Leitura vertical ou analítica: Promove a leitura desconfiada e detalhista para a qual a releitura é condição necessária, pois o que se pretende é recuperar as marcas de construção do texto. É a leitura atenta, reflexiva, pausada e com possíveis releituras. Seu objetivo é apreender e criticar toda a montagem orgânica do texto, sua coerência informativa e seu valor de opinião. Busca, também, a assimilação de novos conhecimentos, a partir dos que já possui.

Exemplo:

A leitura de um artigo científico para posterior produção de uma resenha.

Para realizar essa leitura vertical ou analítica, o autor deve estabelecer estratégias de busca das informações pretendidas, relacionadas às **relações textuais**, **contextuais** e **intertextuais**.

▶ **Relações textuais**

Nessa perspectiva de leitura, o autor identifica informações literais, como:

▶ modo de organização do texto (gênero);

▶ domínio discursivo a que pertence;

▶ título;

▶ vocabulário e linguagem utilizados;

▶ suporte de veiculação;

- estruturas sintáticas e semânticas;
- estratégias de articulação entre as partes do texto;
- informações literais.

▶ Relações contextuais ou pragmáticas

São as informações contextuais relativas às intenções (explícitas ou implícitas) do autor e às convenções socioculturais que repercutem na produção do texto:

- quem fala;
- o que fala;
- para quem fala;
- como fala;
- por que fala;
- em que contexto estão inseridos.

▶ Relações intertextuais ou culturais

Para ler bem, dependemos também de um conhecimento de mundo o qual reflete nossa bagagem cultural, as nossas vivências. Ler o mundo depende de uma leitura preliminar, formativa, relacionada a vários conhecimentos que nos ajudam a analisar e compreender os fatos e seus conteúdos.

> Minha terra não tem palmeiras...
> E em vez de um mero sabiá
>
> Cantam aves invisíveis
> Nas palmeiras que não há.
> (QUINTANA, c2002)

Para ler com eficiência e profundidade, o leitor deve desenvolver algumas habilidades associadas a cada nível de leitura:

1. **Identificação da informação**:
   - reconhecimento literal do conteúdo do texto;
   - leitura das **linhas**, do vocabulário e da estrutura;
   - está relacionada ao nível textual da leitura.

2. **Compreensão e interpretação**:
   - inferência e integração de segmentos do texto;
   - leitura das **entrelinhas** que revela intenções e ênfases do autor;
   - relaciona-se ao nível contextual da leitura.

3. **Reflexão**:
   - avaliação e julgamento;
   - leitura **por trás das linhas**, é o lastro social de quem lê;
   - relaciona-se ao nível cultural da leitura.

Ao considerar as estratégias de leitura aqui propostas, passamos a discutir leitura a partir da compreensão das diversas instâncias sociais. Nesse caso, os gêneros do discurso tornam-se subsídios de compreensão de como interagimos pela linguagem, passando de um modelo apenas interacional a uma prática social, na qual não apenas interagem elementos linguístico-discursivos, mas também os componentes extratextuais.

LENDO E PRODUZINDO TEXTOS TÉCNICOS

Escrever bem se relaciona com conseguir produzir um texto que faça sentido em uma situação de comunicação. Por essa razão, quem escreve deve ter bem estabelecidos objetivo e leitor/público.

O objetivo do texto é o princípio lógico em que cada frase, cada parágrafo está necessariamente contribuindo para a progressão discursiva. Além disso, "pensar" a quem se destina o texto é muito importante, pois o leitor tende a realizar a leitura tomando os seus próprios valores, a sua própria experiência e o ambiente que o rodeia para complementar a construção mental da informação escrita. Logo, é preciso adequar o discurso a um leitor-modelo.

> > **QUER SER COMPREENDIDO? SEJA CLARO!** < <

Carlos Maranhão (2008, p. 10)

Qual é a principal qualidade de um bom texto? A pergunta vale para qualquer coisa escrita: uma redação, uma carta de amor, uma faixa colocada na rua para avisar que o cachorrinho sumiu de casa, uma notícia de jornal, um ensaio filosófico ou um romance. E a resposta é uma só: a clareza.

Não há meio-termo. Se você é claro, você diz o que quis dizer. Se não é claro, você quis dizer, mas infelizmente não disse. E o texto exigirá explicações para ser entendido, mais ou menos como aquelas fotos de principiantes que cortam personagens ou partes importantes do cenário. "Ah, aqui à esquerda estava mamãe, à direita deveria aparecer o Pão de Açúcar. Que pena, a máquina não pegou." O texto, como a foto, deve falar por si. Ou seja, ser claro.

"Só quando passei a ser claro é que comecei a ser ouvido", escreve o padre Antônio Vieira, um dos maiores estilistas da língua portuguesa e um brilhante pregador que detestava falar para igrejas vazias. Para ser claro, é preciso conhecer o assunto sobre o qual se vai escrever, usar a ordem direta, construir frases sempre que possível curtas e seguir a velha receita da narrativa: início, meio e fim. Depois, releia. Não ficou 100% claro? Tudo bem, existem soluções. Reescreva. Corte. Troque palavras. E releia mais uma vez. Se dá trabalho? Dá. Mas não desanime. Não há outro jeito de conseguir a recompensa desejada por todos os que escrevem: ser compreendido. E, quem sabe, elogiado.

A clareza defendida por Carlos Maranhão para todo tipo de texto fica ainda mais evidente quando se trata de textos técnicos, aqueles que abrangem as produções oficiais, comerciais, administrativas, acadêmicas e científicas, cujas estruturas são mais estáveis, tanto do ponto de vista da estrutura quanto da linguagem. Vejamos alguns desses textos organizados em dois grupos:

1. **Redação administrativa**: incluídos os textos oficiais, comerciais e administrativos – ofício (ou carta oficial), lei, projeto de lei, edital, requerimento, procuração, ata, relatório técnico, carta comercial, contrato, recibo, circular, ordem de serviço, atestado, certidão, declaração, certificado, currículo etc.

2. **Redação acadêmico-científica**: resenha, resumo, fichamento, ensaio, relatório de experimentação, artigo científico, tese e outros.

> **dica**
>
> A redação técnica difere da literária pela finalidade e pela forma: é objetiva, clara, obedece a uma padronização que facilita tanto a produção como a recepção, utiliza-se da variante culta da língua e vocabulário adequado à área de atuação.

PRODUÇÕES DA ÁREA ADMINISTRATIVA

Abaixo-assinado: é um requerimento coletivo, em que não se colocam, no início, os nomes dos requerentes, mas apenas uma referência para identificá-los. Seguindo a norma culta, o texto traz o requerimento inicial e sua justificativa, como: "Os abaixo assinados, moradores do Bairro X, da Cidade de Y, vêm solicitar ao Senhor Prefeito desta cidade iluminação do trecho compreendido entre os números 15 e 550, que se encontra às escuras, expondo a comunidade a toda sorte de perigos." Local, data e a lista de assinaturas. Dependendo do objetivo do abaixo-assinado, é necessário, também, informar o número da carteira de identidade de cada um dos requerentes.

Ata: registro resumido, claro e fiel, das ocorrências de uma reunião, assembleia ou sessão. Deve ser escrita em parágrafo único, não podendo haver rasuras. As emendas devem ser feitas com expressões corretoras, como, *digo, ou melhor, aliás*. Os assuntos são lançados em ordem cronológica, usa-se os verbos no pretérito perfeito do indicativo e os numerais são grafados por extenso. Não havendo necessidade de registro com as formalidades oficiais, faz-se um relatório de reunião, e não a ata.

Atestado: é um documento firmado por uma pessoa a favor de outra, atestando uma verdade transitória a respeito de determinado fato. Em razão de sua natureza oficial, as repartições públicas emitem atestados, e não declarações. O texto deve ser intitulado como Atestado e seu corpo contém relativamente os seguintes dizeres: "Atesto, a pedido da parte interessada, que Fulano de Tal, no presente momento, goza de sanidade física e mental." Fecha-se com local, data e assinatura do profissional que atesta.

Carta comercial: documento escrito trocado por empresas entre si, com seus clientes e vice-versa, visando a iniciar, manter ou encerrar transações. A carta comercial, mesmo sendo emitida por uma empresa, representa várias pessoas físicas, por isso é redigida na 1ª pessoa do plural (nós). Seguindo uma característica da linguagem comercial moderna, a carta deve ser clara, simples, concisa e gramaticalmente correta. Devem ser evitados jargões como: "Vimos por meio desta...", "Sem mais para o momento..." etc. Não se trata apenas de um instrumento de comunicação, mas de uma representação da imagem da empresa, podendo causar, no primeiro contato, uma impressão de competência ou incompetência. Deve ser escrita em papel timbrado e seguir a seguinte estrutura: local e data, endereçamento, invocação, texto, fecho e assinatura.

Carta oficial (ou ofício): é um tipo de correspondência utilizada quando um dos ou ambos os interlocutores são órgãos públicos. A estrutura é semelhante à de uma carta comercial, com algumas diferenças. Em papel timbrado, o emissor deve registrar: o número de ordem da correspondência, local e data, cargo da autoridade destinatária, assunto, corpo da carta, fecho, assinatura, iniciais do redator e do datilógrafo, destinatário completo e endereço. Nesse tipo de correspondência oficial, deve-se recorrer aos modos de tratamento adequados à autoridade, bem como realizar a concordância na 3ª pessoa do singular.

Certidão: documento expedido por quem tem fé pública, como um tabelião, com o objetivo de comprovar algo que foi requerido, reproduzindo com rigor os assentamentos legais em livros, processos ou outros documentos. Exemplo: certidão de nascimento documenta o nascimento de um novo cidadão. A certidão negativa comprova não existir determinado ato ou fato. Por exemplo: certidão negativa de multas.

Certificado: documento expedido por uma autoridade que diz a verdade sobre um fato que conhece em razão do cargo exercido. É um documento comprobatório com base em arquivos, mas sem reprodução rigorosa dos dados registrados, por exemplo, certificado de conclusão de um curso.

Circular: comunicação de ordem multidirecional, por meio da qual se dirige a vários departamentos de uma mesma empresa, a funcionários, ou clientes em geral. Por esse motivo, na circular, não consta destinatário, sendo o endereçamento registrado apenas no envelope. Em sua estrutura contém: papel timbrado, local e data, número da circular, origem, assunto, corpo do texto, assinatura/cargo. Um memorando, um ofício, uma carta, quando possuem destinatários múltiplos são também chamados de circulares.

Currículo: documento informativo de apresentação elaborado por uma pessoa em seu próprio interesse. O texto deve fornecer, de modo objetivo e claro, uma visão geral com relação à formação e à experiência de alguém que se candidate a um cargo, curso etc. Essencialmente, o currículo deve conter os seguintes tópicos: identificação, objetivo na instituição, formação acadêmica, experiência profissional, competências/habilidades do candidato, outras informações relevantes (cursos, publicações, participações em eventos, resumo de realizações), referências profissionais. A depender do modo de encaminhamento do currículo, uma carta de apresentação é sempre muito simpática. Recomenda-se maior zelo quanto ao uso da norma culta, uma vez que o currículo é um documento de apresentação do candidato.

Declaração: trata-se de um documento que se assemelha ao atestado, mas que não deve ser expedido por órgãos públicos. É um depoimento formal que se dá a respeito de alguém ou de algo, esclarecendo ou simplesmente declarando um fato, uma deliberação, podendo ser, inclusive, publicada pela imprensa, como é o caso de uma declaração de extravio de documentos. Sua estrutura deve contemplar: o título DECLARAÇÃO em caixa alta; o texto com a declaração, iniciando com o termo "Declaro (ou Declaramos) para os devidos fins que..."; local e data; assinatura de quem declara. O discurso deve ser proferido em 1ª pessoa do singular ou do plural.

Edital: comunicação ou ordem, com finalidade de convocar, avisar ou informar. Refere-se a um instrumento de notificação pública que deve ser afixado em local de acesso dos interessados ou publicado em um órgão de imprensa oficial ou particular. Alguns editais frequentes: tomada de preços, assembleia geral, inscrição, pessoa não localizada. A estrutura desse gênero textual contém: o termo EDITAL (que pode ser substituído por outra expressão relativa ao assunto do edital); nome da empresa ou órgão público; número de ordem/ano do edital; corpo do texto; local/data; nome e qualificação funcional do autor do edital.

E-mail: caracterizado pela flexibilidade estrutural, o correio eletrônico (e-mail), por seu baixo custo e celeridade, tornou-se a principal forma de comunicação entre pessoas físicas e jurídicas. Em ambientes corporativos e oficiais, deve-se usar uma linguagem culta e adequada ao contexto. O campo assunto deve ser preenchido de modo a facilitar o reconhecimento da mensagem e a organização documental tanto do destinatário quanto do remetente. O texto deve ser objetivo e polido, contemplando as informações mínimas para o encaminhamento da questão, inclusive aquele que encaminha anexo deve conter mensagem explicativa. É também recomendável a utilização do recurso de confirmação de recebimento, quando disponível, bem como um fecho que aproxime os interlocutores, evitando, contudo, intimidades inapropriadas.

Procuração: é o instrumento por meio do qual uma pessoa física ou jurídica confere poderes a outra, para tratar de negócios ou agir em seu nome, representando-o de pleno direito nos termos do documento. É o documento do mandato. Ele pode ser público ou particular, sendo que a primeira é lavrada em cartório e a segunda, geralmente, conservada sem registro. A procuração é passada pelo mandante (constituinte ou outorgante) ao mandatário (procurador ou outorgado), com ou sem reserva de direitos, parcial ou total. Estruturalmente, a procuração é assim composta: título "Procuração"; início do texto com a identificação e qualificação completa do outorgante e, depois, do outorgado; especificação dos poderes; definição de prazo de validade da procuração; local e data; assinatura. O texto é escrito em 3ª pessoa e contém expressões fixas do gênero como: "Pelo instrumento (particular ou público) de procuração, Fulano de Tal (identificação completa), nomeia e constitui seu bastante procurador, o Sr. Beltrano de Tal (identificação completa), para o fim específico de (...), podendo o outorgado (...), bem como responder por todos os atos necessários ao bom e fiel cumprimento do presente mandato, pelo prazo de (...)."

Recibo: é um documento escrito em que alguém declara ter recebido algo específico: um pagamento, uma encomenda, um documento, um serviço ou uma mercadoria qualquer. As importâncias em dinheiro devem vir em algarismos e por extenso; e as mercadorias, especificadas. O recibo constitui-se das seguintes partes: o título Recibo; o número a que se refere; o valor recebido, se for o caso; o texto; local e data; assinatura e identificação documental de quem recebeu. Há casos em que, por medida de precaução, recomenda-se a assinatura de testemunhas.

Requerimento: é o instrumento pelo qual nos dirigimos a uma autoridade com o objetivo de fazer uma solicitação, que deve ter amparo de uma lei, ou seja, pede-se algo de direito do requerente. O gênero requerimento é extremamente marcado e segue a seguinte estrutura: vocativo com o cargo da pessoa a quem se dirige o requerimento (Exmo. Sr. Diretor do Departamento Nacional de Trânsito), identificação do requerente (nome, nacionalidade, estado civil, nº de identidade, endereço, bairro e cidade), exposição do pedido, justificativa (dependendo do pedido), fecho (Nestes termos, Pede deferimento), local, data e assinatura. No requerimento, utiliza-se sempre a 3ª pessoa do singular (vem requerer de V.S.ª concessão de...).

A INTERAÇÃO EFICAZ NAS CORPORAÇÕES

A comunicação ineficiente provoca vários problemas nas instituições, reclamações de clientes e erros de funcionários. Grande parte do sucesso do trabalho de quem atende está relacionado à boa comunicação. A interação é constitutiva das corporações, nas mais diversas ações dos sujeitos, seja no atendimento face a face, nos agendamentos ou atendimentos por telefone, na transmissão de recados para superiores ou pares, nas orientações instrucionais ou no trato com os colegas de trabalho.

dica

A qualidade da comunicação entre as pessoas é fator determinante no sucesso do trabalho e da empresa. Por isso, é necessário observar o modo de falar, de se reportar ao outro. Muitas vezes, os relacionamentos ficam difíceis devido à agressividade na fala.

ATENÇÃO À COMUNICAÇÃO NÃO VERBAL

A comunicação não verbal, também chamada de linguagem silenciosa, deve ser avaliada com muita atenção, pois muitas mensagens se tornam confusas em razão da postura, dos gestos e da expressão de quem fala.

O corpo fala. Muitas vezes a má vontade em atender um cliente é percebida por meio da expressão facial ou da postura mantida pelo profissional durante o atendimento. Por exemplo, quando a secretária não olha para o paciente, enquanto presta-lhe uma informação.

A postura correta além de ser muito importante para a coluna, ou seja, para a saúde, é um espelho do nosso estado de espírito. A partir de determinados gestos e modos, transmitimos desinteresse, prepotência, confiança, receptividade, elegância, respeito ou simpatia.

Quando estamos de bem com a vida, transmitimos essa energia para outras pessoas por meio de atitudes que refletem esse estado de espírito, mas o contrário também pode ocorrer.

A linguagem silenciosa, muitas vezes, esclarece o significado de uma mensagem verbal pouco clara. Veja alguns exemplos:

- Se estamos em uma roda social e ficamos de costa para alguém, nitidamente, estamos excluindo esta pessoa.
- Se estamos aborrecidos em algum lugar, costumamos apoiar a cabeça e olhar para baixo.
- Um andar energizado e com a postura correta transmite segurança, confiabilidade e entusiasmo.
- Quando queremos agredir alguém e não queremos assumir, em palavras, essa atitude, claramente espelhamos esse sentimento com a linguagem silenciosa.
- Se atendermos um cliente com os braços cruzados, sem olhar para ele, balançando os pés, como se estivéssemos irritados, provavelmente passaremos a ideia de desinteresse ou descaso.

Imagine-se sendo atendido por um profissional escorregando da cadeira, sem a menor postura e, ainda, batucando o lápis na mesa, enquanto escuta a sua solicitação. Com qual impressão você ficaria dele?

Pois bem, essa linguagem silenciosa pode nos afastar ou nos aproximar das pessoas. Quando estamos receptivos, interessados, prontos para atender, ficamos corretamente assentados, colocamo-nos à disposição do outro e nossa comunicação verbal e não verbal entram em sintonia passando a informação desejada, não deixando a menor dúvida quanto ao que realmente queremos falar. Veja outros exemplos de uma comunicação não verbal negativa:

- Pode transmitir timidez o desvio do olhar o tempo todo, enquanto falamos com alguém.
- Pode significar antipatia a posição da cabeça e do queixo para cima, "nariz em pé".
- Pode passar nervosismo o balançar das mãos ou o gesticular com excesso.
- É sinal de interesse e surpresa, quando levantamos o rosto e as sobrancelhas.
- Parece estar pensativo aquele que põe o dedo indicador no queixo.
- Pode sugerir incerteza a ação de coçar a nuca.
- Pode facilitar o contato e ajudar na aproximação amistosa um sorriso ou uma expressão mais agradável. Demonstra interesse pela conversa o fato de você olhar o outro nos olhos, mas se os fixar muito pode ser invasivo ou até ameaçador.
- Pode prejudicar a interpretação de mensagem o excesso de gesticulação: passar as mãos nos cabelos, morder a boca, brincar com lápis ou caneta enquanto ocorre a interação.
- Pode transmitir submissão o movimento repetitivo de balançar a cabeça, enquanto recebe uma informação.

As expressões faciais e corporais, os silêncios, o ritmo e os tons da voz podem ser indicadores de simpatia e antipatia pelo outro. Assim, se pretendemos ter uma interação eficaz, temos de estar atentos a esses fatores.

▶▶ DICAS DE INTERAÇÕES EM AMBIENTES CORPORATIVOS ◀◀

Em ambientes corporativos, uma postura adequada é necessária. Isso contribui para o bom clima organizacional, para a melhoria de produtividade das equipes e para a eficiência nos processos. Mesmo assumindo o bom senso como a principal estratégia nas interações, vamos considerar algumas dicas mais gerais.

Etiqueta ao conversar:

- seja natural;
- cuidado com a expressão facial;
- não aponte o dedo para a outra pessoa;
- evite a gesticulação excessiva;

- seja atencioso e pare o que estiver fazendo para atender o cliente ou colega;
- fale com uma voz audível e firme;
- evite ser pegajoso;
- evite gírias, palavrões e termos técnicos, principalmente, com os clientes;
- não chame alto pessoas do outro lado;
- não fale alto;
- fale o suficiente;
- tenha cuidado com a prepotência;
- evite bancar o contador de piadas.

Para enriquecer o atendimento face a face: procure utilizar expressões mais formais, evite, porém, a afetação ao falar, pois ela pode soar como prepotência ou superioridade. Veja os exemplos:

- O(A) Sr(a).......deseja alguma informação?
- Sr(a) (nome da pessoa), para atendermos à sua solicitação, é necessário que sejam entregues alguns documentos.
- Sr(a) (nome da pessoa), por gentileza, aguarde um momento. Estou acessando o sistema.
- Sr(a) (nome da pessoa), estou providenciando sua solicitação.
- Por gentileza, aguarde o nosso retorno. Assim que obtiver a informação solicitada, entrarei em contato.
- Sr(a) (nome da pessoa), qual é o telefone para contato?
- Por gentileza, em que posso ajudar?
- Por gentileza, qual é o seu nome?
- Sr(a) (nome da pessoa), deseja mais alguma informação?
- Sr(a) (nome da pessoa), por favor, aguarde que irei transferir a ligação para o(a) Sr(a) (nome da pessoa), que irá informá-lo(a) melhor.
- Chamar as pessoas pelo nome (colegas, superiores, clientes) confere importância à identidade de cada um e denota a ideia de ter recebido atenção e bom atendimento.

Para o atendimento telefônico: o telefone é uma ferramenta de grande importância nas interações contemporâneas. Por meio dele, as empresas podem conquistar ou perder clientes, pessoas podem conquistar ou perder relacionamentos. No ambiente corporativo, isso se deve, principalmente, a falhas de solicitação de espera, intermináveis transferências e má qualidade no atendimento. A capacidade de se comunicar de maneira eficaz ao telefone é essencial e, quando dominada, pode trazer muito sucesso. O seu domínio depende de boa vontade e treino.

- Atenda ao telefone prontamente. Sempre que possível, no primeiro toque.
- Identifique a empresa, seu nome e cumprimente o cliente (Bom dia! / Boa tarde! / Boa noite!). O "Alô!" é usado em telefonemas pessoais.
- Tenha todos os recursos necessários disponíveis, como agenda, caneta, computador ligado.
- Personalize o atendimento referindo-se sempre ao cliente pelo nome. Por gentileza, qual é o seu nome? Todo cliente deve ser tratado com respeito, use Sr. ou Sra.
- Expresse o seu desejo de ajudar; seja amistoso e gentil. Sua voz é a sua imagem. Deixe o seu brilho aparecer, colocando um sorriso no seu atendimento.
- Saiba ouvir e não interrompa o cliente. Obtenha o maior número de informações possível.
- Transmita confiança. Atualize-se constantemente sobre possíveis mudanças.
- Seja claro e preciso na sua comunicação.
- Desligue sempre de forma gentil procurando dar solução à necessidade do cliente. "Colocamo-nos à sua disposição!" "Desejo-lhe um ótimo dia!" "Obrigado pela atenção!" (Agradeça ao cliente sempre que for necessário).
- Nunca atenda ao telefone mascando chicletes, balas ou comendo, isso é uma falha de etiqueta.
- Evite usar gírias, pois é falta de profissionalismo.
- Termos técnicos: use apenas com quem tiver conhecimento.
- Evite: "Pronto" "Oi, meu bem!". Diga: "Hum, Hum" e "Um momentinho", pois são dicas ao interlocutor sobre sua presença no outro lado da linha.
- Não robotize o atendimento.
- Não interrompa a conversa no telefone para fazer outra coisa.
- Retorne a ligação, posteriormente, se o cliente solicitar alguma informação que não esteja disponível no momento.
- Anote todas as informações e solicitações dos clientes.
- Nunca esqueça o cliente na linha.
- Não faça "ping-pong" do cliente, repassando-o para outros atendentes. Resolva o problema.
- Dê igual importância às ligações internas, entre os membros da empresa.

Para o uso do celular

- Desligue-o em reuniões, almoços, jantares, igrejas, escolas, treinamentos, cinemas, teatros, consultas etc.
- Avise antecipadamente se estiver aguardando alguma ligação importante; ao senti-lo vibrar, discretamente, retire-se da sala e atenda à ligação.
- Não grite, nem fale alto.
- Ao ligar para uma pessoa, certifique-se de que ela possa lhe atender: "Você pode falar agora?".
- A mesma regra de horário vale para os celulares. Não ligue muito cedo nem muito tarde. É necessário respeitar os momentos de descanso do outro.
- Peça licença e atenda ao telefone em um local mais silencioso e que tenha mais privacidade. Ninguém precisa saber o seu assunto.
- Evite colocar o celular sobre a mesa durante refeições ou reuniões.

Para a redação de e-mail: O e-mail hoje é o principal recurso comunicativo, tanto interna como externamente nas organizações. A rapidez de sua veiculação o torna uma ferramenta imprescindível. Porém essa "rapidez" tem provocado alguns problemas nesse importante recurso. Veja as dicas básicas para a elaboração de seu e-mail:

- Independentemente de quem seja o seu interlocutor, seja sempre cordial. A apresentação inicial de seu e-mail colaborará para o interesse por parte do destinatário, bem como para a dedicação de retorno.
- Os e-mails corporativos devem sempre ser mais formais e, muitas vezes, são considerados documentos. Nada impede que você seja mais informal com quem tenha afinidades, porém dentro dos limites profissionais.
- É importante evitar a linguagem utilizada na internet, ou seja, usar abreviaturas e símbolos que demonstram falta de profissionalismo.
- Atente para o conteúdo que você irá desenvolver. Na maioria das vezes, o texto do e-mail deve ser claro e objetivo. No entanto, em algumas eventualidades, você poderá vir a ser mais abrangente, detalhando as informações para que fiquem mais claras ao destinatário. Tudo dependerá do assunto a ser tratado e da facilidade de entendimento do destinatário.
- Evite escrever com todas as letras em caixa alta (maiúscula). Elas representam que você está sendo indelicado e/ou gritando.
- Demonstre no campo "assunto" a informação que conterá no e-mail de forma clara e objetiva. Não deixe o título do assunto em branco.
- Sempre avise no corpo do e-mail quando estiver enviando documentos anexados.
- Para finalizar um e-mail, utilize termos formais como "atenciosamente" e, caso haja contexto, pode padronizar com "um abraço", "abraço" etc.;

- Não se esqueça de "assinar" seu e-mail com seu nome, cargo, empresa e telefone, se julgar adequado. Evite, porém, excesso de informações após a assinatura. Elas poluem o texto e podem confundir o leitor.

Para evitar pequenas gafes linguísticas
- **Gerundismo.** Vou estar almoçando com o gerente de RH amanhã. Utilize "vou almoçar" ou "almoçarei".

- **A nível de.** Teremos uma reunião a nível de diretoria. É melhor simplificar e escrever só "reunião de diretoria". O termo "a nível de" é incorreto. Caso seja necessário, prefira "em nível" ou "ao nível de".

- **Emprego indevido da crase.** De 2009 à 2010; à partir de julho. A crase é utilizada quando a palavra anterior exige a preposição "a" e a posterior aceita o artigo "a". Em ambos os exemplos, não há a necessidade do artigo feminino.

- **Seje e esteje.** Espero que você esteje bem. As formas corretas dos dois verbos são "seja" e "esteja" Ambos são conjugados na terceira pessoa do presente do subjuntivo. Não existem, na norma culta da língua portuguesa, os termos seje e esteje.

- **Erros de concordância.** Segue os dados. Falta dois dias para a entrega do relatório. Nos dois casos o verbo precisa concordar com os substantivos: Seguem os dados. Faltam dois dias para a entrega do relatório.

- **O emprego equivocado dos verbos haver e fazer, quando significam "existir".** Haviam gerentes em reunião (A conjugação correta é "havia"). Fazem 10 anos que não vou a Recife (A conjugação correta é "faz").

- **Uso equivocado dos pronomes "eu" e "mim".** Este relatório é para mim analisar? (Correto é eu). Entre eu e você não há mais nada! (Correto é mim).

- **Expressão "tipo assim".** A gente pode se encontrar tipo assim 12 horas. Retire o tipo assim e verá que a frase continua com o mesmo sentido.

LENDO E PRODUZINDO TEXTOS ACADÊMICO-CIENTÍFICOS

O domínio discursivo acadêmico-científico é aquele cujo objetivo é a construção do conhecimento, servindo como instrumento de ensino, produção e divulgação de saberes. Alguns dos gêneros que compõem esse campo são mais comuns no ambiente acadêmico e, por isso mesmo, mais necessários aos estudantes. São eles: resumo, resenha, ensaio, fichamento, projeto, artigo, monografia, relatório etc. Vejamos alguns deles.

RESUMO

"É a apresentação concisa dos pontos relevantes de um texto." (ASSOCIAÇÃO BRASILEIRA DE NORMAS TÉCNICAS, 2003b, p. 1). Com essa atividade, o aluno desenvolve as habilidades de leitura e produção objetivas, seleção de informações, síntese e respeito à propriedade intelectual, uma vez que a ideia original deve ser preservada e referenciada. Para alcançar o objetivo de sintetizar, o leitor deve destacar as ideias principais, voltando ao texto quantas vezes forem necessárias. Há três tipos de resumo: o descritivo (organizado em tópicos e subtópicos); o informativo (organizado em parágrafos dissertativos que fazem uma paráfrase do texto original); e o crítico (que além de informar em parágrafos, traz uma análise da qualidade do texto lido no que se refere à estrutura, adequação da linguagem etc).

A estrutura do resumo contempla: a referência bibliográfica (no alto da página), o título "resumo" seguido do tipo de resumo, o nome de quem resumiu com remissão à nota de rodapé para apresentar as credenciais do resumidor, o texto resumido.

Além disso, há o resumo homotópico, que antecede trabalhos científicos, por exemplo, artigos e teses. Esse tipo de resumo é escrito em apenas um parágrafo e não pode ultrapassar 250 palavras, no caso do artigo, e 500 palavras, no caso de dissertações e teses.

RESENHA

É o texto que relata a descrição técnica, a síntese do conteúdo e a análise crítica de uma obra (artística, esportiva, literária, científica). Há dois tipos de resenha, a descritiva e a crítica. No primeiro tipo, o resenhista faz a descrição técnica e a síntese da obra, acrescentando ao segundo tipo uma análise crítica da obra. Quanto à estrutura, a resenha é composta por: referência bibliográfica, no alto da página; título resenha crítica ou descritiva; nome do resenhista com remissão às suas credenciais em nota de rodapé; texto (sem subtítulo); referências, caso tenha ocorrido pesquisa a outras obras.

ENSAIO

É um texto dissertativo-argumentativo, problematizador, original, que surge de reflexões e estudos e que discute um tema. A abordagem do assunto deve apresentar a tese e os argumentos com clareza e lógica, devendo ser concludente. Há quatro tipos de ensaio: o empírico, que discute modelos metodológicos e práticos de uma questão; o teórico, que procura refletir e discutir sobre a validade e aplicabilidade de determinada teoria; o filosófico (ou analítico), que levanta questionamentos e reflexões sobre um tema, procurando trazer rigor lógico à argumentação e forte posicionamento ideológico; e o descritivo (ou histórico), que discute um tema com base em fatos históricos. A estrutura de um ensaio possui: título do ensaio; nome do autor com missão às credenciais em nota de rodapé; introdução, apresentando o tema em pauta, a delimitação, a justificativa, os objetivos, o tipo de ensaio a ser construído, com sua respectiva metodologia; desenvolvimento, fundamentando a discussão teórica, metodológica e empiricamente; e conclusão, trazendo as considerações finais a que se chegou; e, por fim, as referências consultadas.

FICHAMENTO

Utilizado para documentar as leituras feitas por um pesquisador. Os registros permitem consultas posteriores a leituras realizadas, eventos dos quais participou, aulas a que assistiu etc. Há duas finalidades básicas para fichamento, a catalográfica e a de leitura. A ficha catalográfica é feita por um bibliotecário e serve para identificar uma obra, já a ficha de leitura refere-se a anotações de leituras realizadas por um estudante/pesquisador. Existem três tipos de fichamentos de leitura: o de citação, aquele em que se transcrevem fragmentos literais do texto, para posterior citação; o de conteúdo (ou resumo), que sintetiza as ideias lidas com as palavras do leitor; a analítica (ou de comentário), que descreve e comenta informações encontradas no livro lido. O fichamento pode ser feito em fichas de papel cartão específicas para isso ou no computador. Em sua estrutura, o fichamento deve conter: cabeçalho, composto por tema geral e tema específico; tipo de fichamento feito; referência bibliográfica da obra fichada; corpo da ficha, que dependerá do tipo de fichamento a ser feito; identificação do autor do fichamento.

PROJETO DE PESQUISA

É o planejamento, a fase construtiva da pesquisa, sendo definido pela NBR 15287 (ASSOCIAÇÃO BRASILEIRA DE NORMAS TÉCNICAS, 2011c) como a descrição da sua estrutura. O projeto de pesquisa é dividido nas partes externa e interna: a parte externa contém capa e lombada; a parte interna é, por sua vez, dividida em outras três partes: pré-textual, textual e pós-textual. A parte pré-textual contém folha de rosto, lista de ilustrações, lista de tabelas, lista de abreviaturas e siglas, lista de símbolos e sumário. A parte textual é constituída pela introdução, com o tema do projeto, a delimitação, a justificativa, o objetivo e a hipótese; base teórica; metodologia da pesquisa, com os recursos necessários; e o cronograma. Por fim, a parte pós-textual com referências, glossário (se necessário), apêndices e anexos.

RELATÓRIO

É um relato detalhado, uma exposição escrita de uma atividade prática, um determinado trabalho ou experiência científica. Existem vários tipos de relatórios, que mudam de acordo com o objetivo ou a atividade relatada. São eles: de gestão (relatórios empresariais), de inquérito (policial, administrativo etc.), de rotina, de cadastro, de visita, de inspeção, de viagens, de estágio, contábil e, ainda, o relatório-roteiro (elaborado com base em modelo ou formulário impresso). Como trabalho acadêmico, o relatório é sistematizado pela NBR 10719 (ASSOCIAÇÃO BRASILEIRA DE NORMAS TÉCNICAS, 2011a), que focaliza o relatório técnico/científico e o conceitua como um documento que descreve formalmente o progresso ou resultado de pesquisa científica e/ou técnica. Embora a norma padronize o relatório técnico e/ou científico, ela pode ser oportunamente aplicada, no momento da elaboração dos outros tipos de relatórios.

QUADRO 2.2 ▶ ESTRUTURA DO RELATÓRIO

PARTE		ELEMENTOS	USO
Externa		Capa	Opcional
		Lombada	Opcional
Interna	Pré-textuais	Folha de rosto	Obrigatório
		Errata	Opcional
		Agradecimentos	Opcional
		Resumo na língua vernácula	Obrigatório
		Lista de ilustrações	Opcional
		Lista de tabelas	Opcional
		Lista de abreviaturas e siglas	Opcional
		Lista de símbolos	Opcional
	Textuais	Sumário	Obrigatório
		Introdução	Obrigatório
		Desenvolvimento	Obrigatório
		Considerações finais	Obrigatório
	Pós-textuais	Referências	Obrigatório
		Glossário	Opcional
		Apêndice	Opcional
		Anexo	Opcional
		Índice	Opcional
		Formulário de identificação	Opcional

Fonte: Associação Brasileira de Normas Técnicas (2011a).

ARTIGO CIENTÍFICO

"É parte de uma publicação com autoria declarada, que apresenta e discute ideias, métodos, técnicas, processos e resultados nas diversas áreas do conhecimento." (ASSOCIAÇÃO BRASILEIRA DE NORMAS TÉCNICAS, 2003a, p. 2). É um texto mais profundo que um ensaio e menos abrangente do que uma monografia e que exige boa capacidade de síntese e maturidade teórica. Por se destinar à publicação, normalmente, é encontrado em revistas ou periódicos especializados. Há dois tipos de artigos: o original e o de revisão. Em um artigo original, o autor parte de uma situação problema, realiza as pesquisas bibliográfica e de campo e elabora uma produção com percursos e resultados originais; no artigo de revisão, o pesquisador busca realizar uma abordagem de cunho bibliográfico, então, procura dialogar com outros autores, estudar outras pesquisas na área, sintetizar essas pesquisas e elaborar um texto que ao mesmo tempo discute e sintetiza. Nessa busca, o autor define se fará uma revisão para determinar o "estado da arte", uma revisão empírica (trabalhando com dados secundários), uma revisão histórica ou uma revisão teórica (discutindo teorias). A estrutura de um artigo contempla: título do artigo; nome do autor com missão às credenciais em nota de rodapé; resumo com as palavras-chave; introdução, apresentando o tema em pauta, a delimitação, a justificativa, os objetivos, o tipo de artigo, a metodologia; desenvolvimento, expondo o referencial teórico, os procedimentos metodológicos, bem como a apresentação e a análise de dados; e considerações finais, trazendo as ideias a que se chegou. Como parte pós-textual, registra-se o título do artigo em língua estrangeira, assim como o resumo; as referências utilizadas; o glossário (se necessário); apêndices e anexos.

para saber +

O artigo científico é um dos gêneros textuais mais explorados e utilizados no meio acadêmico. Leia um pouco mais a respeito no site http://www.lendo.org/fazer-escrever-artigo-academico.

MONOGRAFIA

De acordo com a NBR 14724 (ASSOCIAÇÃO BRASILEIRA DE NORMAS TÉCNICAS, 2011b), a monografia é um trabalho de pesquisa acadêmico-científica que trata de um tema restrito de modo minucioso. Os trabalhos monográficos constituem o produto de leituras, observações, investigações, reflexões e críticas desenvolvidas nos cursos de graduação, como trabalhos interdisciplinares ou de conclusão de curso e em pós-graduações. Assim como o artigo, a monografia pode ser original ou de revisão, sendo que a monografia de revisão se subdivide em quatro tipos: determinação do estado da arte, da revisão teórica, da revisão empírica e da revisão histórica. A monografia também é composta pelas partes externa e interna e segue a mesma estrutura do relatório.

QUADRO 2.3 ▶ ESTRUTURA DA MONOGRAFIA

PARTE	ELEMENTOS		USO
Externa	Capa		Opcional
	Lombada		Opcional
Interna	Pré-textuais	Folha de rosto	Obrigatório
		Errata	Opcional
		Folha de aprovação	Obrigatório
		Dedicatória	Opcional
		Agradecimentos	Opcional
		Epígrafe	Opcional
		Resumo na língua vernácula	Obrigatório
		Resumo em língua estrangeira	Obrigatório
		Lista de ilustrações	Obrigatório, se houver ilustrações
		Lista de tabelas	Obrigatório, se houver tabelas
		Lista de abreviaturas e siglas	Obrigatório, se houver abreviaturas e siglas
		Lista de símbolos	Obrigatório, se houver símbolos
		Sumário	Obrigatório
	Textuais	Introdução	Obrigatório
		Desenvolvimento	Obrigatório
		Considerações finais	Obrigatório
	Pós-textuais	Referências	Obrigatório
		Glossário	Opcional
		Apêndice	Opcional
		Anexo	Opcional
		Índice	Opcional

Fonte: Associação Brasileira de Normas Técnicas (2011b).

> **dica**
>
> Sempre que você necessitar elaborar um dos tipos de trabalhos acadêmicos que acabou de conhecer em seu curso é recomendável consultar a norma na íntegra ou alguma obra que traga mais informações e exemplos do gênero a ser produzido.

TEXTO LITERÁRIO E SUAS ESPECIFICIDADES

Sermão da Sexagésima

Pe. Antônio Vieira (1960, p. 107)

"Será por ventura o estilo que hoje se usa nos púlpitos? Um estilo tão dificultoso, um estilo tão afetado, um estilo tão encontrado a toda arte e a toda natureza? Boa razão é também esta. O estilo há de ser muito fácil e muito natural. Por isso, Cristo comparou o pregar ao semear. Compara Cristo o pregar ao semear porque o semear é uma arte que tem mais de natureza que de arte.

Já que falo contra os estilos modernos, quero alegar por mim o estilo do mais antigo pregador que houve no Mundo. E qual foi ele? O mais antigo pregador que houve no Mundo foi o Céu. Suposto que o Céu é pregador, deve ter sermões e deve ter palavras. E quais são esses sermões e essas palavras do Céu? – As palavras são as estrelas, os sermões são a composição, a ordem, a harmonia e o curso delas. O pregar há de ser como quem semeia, e não como quem ladrilha ou azuleja. Não fez Deus o céu em xadrez de estrelas, como os pregadores fazem o sermão em xadrez de palavras. Se de uma parte está branco, de outra há de estar negro; se de uma parte está dia, de outra há de estar noite? Se de uma parte dizem luz, da outra hão de dizer sombra; se de uma parte dizem desceu, da outra hão de dizer subiu. Basta que não havemos de ver num sermão duas palavras em paz? Todas hão de estar sempre em fronteira com o seu contrário?

Mas dir-me-eis: Padre, os pregadores de hoje não pregam do Evangelho, não pregam das Sagradas Escrituras? Pois como não pregam a palavra de Deus? – Esse é o mal. Pregam palavras de Deus, mas não pregam a Palavra de Deus.")

Famoso por sua habilidade com as palavras, Padre Antônio Vieira fez do Sermão da Sexagésima um clássico da nossa literatura. Nesse texto, ele utiliza diversos recursos literários para atrair o leitor, como a metáfora, quando considera céu = pregador; palavras = estrelas; sermão = ordem das estrelas. Inverte a ordem dos termos das orações: "Não fez Deus o céu em xadrez de estrelas?". Faz trocadilhos com as palavras: "Pregam palavras de Deus, mas não pregam a Palavra de deus." Critica as antíteses e os paradoxos:

"Se de uma parte dizem luz, da outra hão de dizer sombra. Basta que não havemos de ver num sermão duas palavras em paz?". Enfim, essas estratégias de escrita fazem da criação de Vieira um texto literário.

O texto literário é aquele que tem como objetivo principal o trabalho estético com as palavras, situando-se no nível de produção artística. Para isso, o autor utiliza vários recursos estéticos, literários e linguísticos[1] que auxiliam na construção de um texto agradável ao leitor. São diversas as formas artísticas de expressão escrita do pensamento. Podem ser em prosa (com preocupação maior no pensamento e no valor conotativo das palavras, sem se prender ao rigor formal) ou em verso (preocupa-se com a palavra, usada em sentido conotativo e comprometida com o rigor formal, total ou parcialmente).

- **Acróstico**: do grego *akro*, indica extremidade. As letras de uma das extremidades de cada verso vão formando uma palavra vertical, geralmente um nome próprio ou sugestão significativa.
- **Alegoria**: modo de expressão literária e artística que, por meio de um conjunto de imagens, mostra uma realidade com significado simbólico.
- **Anedota**: é uma piada, uma história curta de final, geralmente, surpreendente e engraçada, com o objetivo de causar risos ou gargalhadas (ou sensação de) no leitor ou ouvinte. Adapta-se rapidamente aos principais acontecimentos sociais de uma comunidade, sobretudo quando se destacam pelo lado negativo (um deslize político, um fato íntimo de uma figura pública, um insucesso desportivo etc.). Vinculam-se, muitas vezes, temas de anedotas a assuntos de natureza preconceituosa.
- **Apólogo**: alegoria moral em que figuram, falando, animais ou coisas inanimadas.
- **Auto**: peça de caráter religioso, às vezes versos e em geral com personagens abstratos, como a fé, a alma etc.
- **Canção**: trata-se de uma composição musical feita para a voz humana, geralmente, acompanhada por instrumentos musicais, letras e um único vocalista, mas também pode ser cantada por um dueto, trio ou mais vozes. Suas letras podem ser versos de poesia, religiosos e populares.
- **Charge**: representação pictória, de caráter burlesco e caricatural, em que se satiriza um fato específico, em geral, de caráter político ou social e que é do conhecimento público.
- *Cartoon*: do inglês, cartão; no Brasil, o *cartoon* virou *cartum* e, em geral, tem um texto bem mais restrito, com menor número de palavras. Para diferenciá-lo da charge, vale-se da analogia cinematográfica: afastando a câmera, pegando o plano geral, sem de-

---
[1] Leia mais sobre o assunto no Capítulo 4 – no tópico "Recursos estilísticos e vícios de linguagem".

talhes; e a piada é universal, ampla, ou seja, um *cartum*. Ao aproximar o foco, pegando o chamado plano americano – da cintura pra cima – e ao localizar a piada, temos a charge. Se a câmera é focalizada só na cabeça, no close, temos a caricatura.

- **Comédia**: gênero teatral baseado na sátira e no humor e dedicado a criticar valores e costumes por meio do riso.
- **Conto**: uma breve narrativa ficcional que se caracteriza pela agilidade e poder de concentração por apresentar um único conflito.
- **Cordel**: romance em verso, de impressão rudimentar, que adquiriu características próprias do nordeste brasileiro, seus temas principais são história, política, mitologia.
- **Crônica**: gênero literário em prosa, destinado, principalmente, à imprensa, que aborda assuntos de atualidade e pequenos fatos do cotidiano.
- **Diário**: texto de caráter pessoal, em geral manuscrito, em que se registram dia a dia acontecimentos e impressões relevantes.
- **Drama**: composição literária em que a ação é exposta por meio de personagens objetivas. Peça com enredo complexo psiquicamente.
- **Elegia**: gênero poético que se caracteriza sobretudo pela temática baseada na tristeza dos amores interrompidos.
- **Epitáfio**: inscrição gravada sobre túmulo ou sepultura. Por extensão, composição em versos elegíacos dedicada à memória de um morto.
- **Epopeia**: poema heroico protagonizado por um ou vários personagens idealizados, que celebra ou celebram feitos significativos de um povo ou nação.
- **Fábula**: narrativa alegórica em prosa ou verso, que tem em geral animais como personagens e uma conclusão de natureza moral.
- **Farsa**: modalidade teatral caracterizada por personagens e situações exageradas. Difere da comédia e da sátira por não respeitar a verossimilhança nem pretender o questionamento dos valores.
- **Jogral**: denominação genérica dos artistas que, usando roupas extravagantes e tocando instrumentos musicais, dedicavam-se a entreter os nobres. O texto é fragmentado e cada artista assume partes da composição.
- **Hino**: é uma composição musical que exalta ou adora uma personalidade espiritual, religiosa, patriótica, desportiva e outras.
- **Memórias**: gênero literário, quase sempre em prosa, caracterizado pelo registro de fatos referentes à vida do autor e ao contexto em que ela transcorreu.
- **Novela**: narrativa em que ocorre uma pluralidade e sucessão de células dramáticas, relativamente independentes e que conservam um elo encadeador.

- **Ode**: composição poética de estrofes simétricas e caráter lírico. Pode ser declamado individualmente ou em coral.
- **Ópera**: peça dramática ou cômica que combina elementos da música, dança e teatro em uma expressão única e completa.
- **Parábola**: narração alegórica na qual o conjunto de elementos evoca outra realidade de ordem superior. Objetiva transmitir ensinamentos ao leitor.
- **Paródia**: recriação cômica ou imitação burlesca de uma obra ou gênero com sentido crítico insinuado ou explícito.
- **Poema**: arte de dispor as palavras em versos, de modo a construir enunciados que chamem atenção por si mesmos, pela forma e pelo conteúdo.
- **Romance**: gênero literário, em geral em prosa, que busca analisar a vivência humana por meio de uma sequência de eventos, envolvendo vários personagens.
- **Saga**: narrativa lendária e histórica que apresenta uma reconstrução imaginária do passado, utilizando fatos marcantes que acompanham as diversas gerações, através do tempo e de princípios estéticos pré-definidos.
- **Sátira**: gênero literário em verso ou prosa praticado desde a antiguidade a partir da crítica de pessoas e costumes pela deformação caricatural.
- **Soneto**: do italiano *sonetto* (pequena canção ou pequeno som), é um poema de forma fixa estruturado em catorze versos, cuja distribuição apresenta-se em três formatos: o *italiano* ou *petrarquiano*: duas estrofes de quatro versos (quartetos) e duas de três versos (tercetos); o *inglês* ou Shakespeariano: três quartetos e um dístico; e o *monostrófico*: com uma única estrofe de 14 versos.
- **Tirinha**: é uma sequência horizontal de quadrinhos. Um *cartum* ou uma charge pode aparecer em forma de tirinha.
- **Tragédia**: gênero teatral baseado na apresentação, em geral solene, da tragédia penosa e do destino inexorável de determinado herói ou protagonista.
- **Quadrinhos**: são narrativas literárias cujas cenas são reproduzidas em quadros e os protagonistas tendem a ser amplamente reconhecidos. Podem ser heróis, bandidos ou personagens infantis.

Ao iniciar a leitura de um texto literário, seja ele qual for, o leitor precisa estar aberto ao imprevisível, à possibilidade de várias construções de sentidos (plurissignificação), a construções de realidades a partir da visão do autor (função estética); à ficcionalidade, que pode até partir de um fato real, mas não se compromete com ele; à expressão de emoções, sentimentos, posicionamentos pessoais (subjetividade); ao envolvimento e, até, descarrego emocional (catarse). São essas características da arte literária que a diferenciam dos demais textos e conquistam os leitores.

resumo

Neste capítulo, focamos os atos de ler e escrever. Para contribuir para o desenvolvimento dessas duas habilidades, comparamos as concepções de leitura tradicional e moderna, no intuito de apontar para as mudanças de perspectivas que houve, e apresentamos algumas estratégias de leitura que contribuem para o aprofundamento do olhar de quem lê.

Tratamos da leitura e da produção de três domínios discursivos: o técnico (corporativo), o acadêmico-científico e o literário. Nos três casos, além de esclarecer do que se trata cada um dos domínios e quais são suas características, descrevemos os principais gêneros que compõem cada um deles. Especificamente, no âmbito do texto técnico, apresentamos algumas dicas práticas, que contribuirão muito para o cotidiano dos estudantes.

Por fim, enfatizamos que, para melhorarmos como leitores e produtores de textos, é imprescindível que nos dediquemos um pouco à análise do nosso texto, buscando entender os nossos pontos fracos e o que ainda temos a melhorar. É necessário assumir nossas fragilidades linguísticas e entender que ler e redigir são tarefas trabalhosas, que exigem atenção, concentração, esforço, tempo, dedicação e paciência para começar de novo muitas vezes.

atividades

1 ▶ Com relação a ser um bom ou mau leitor, identifique nos parênteses abaixo as alternativas verdadeiras (V) e as falsas (F).
   a ( ) O mau leitor evita confrontos entre o que lê e suas experiências, uma vez que crê no que está escrito.
   b ( ) O bom leitor lê palavra por palavra e constrói o sentido de cada uma.
   c ( ) Aquele que lê sempre a mesma espécie de assunto é considerado um bom leitor, pois se torna expert naquele tema.
   d ( ) O bom leitor já lê com um objetivo definido e isso o ajuda a responder questionamentos.

2 ▶ Das afirmativas a seguir, marque com um X a atitude de um leitor com perspectiva tradicional:
   a ( ) O leitor se esforça para decodificar a intenção prévia do autor.
   b ( ) O leitor se esforça para construir um sentido para o texto.
   c ( ) O leitor, para construir sentido, lança mão de conhecimentos prévios e ideologias próprias.
   d ( ) O leitor interage com o texto e tenta captar algo do seu autor.

3 ▶ Para ler um texto em profundidade, o leitor faz uma leitura vertical, que é construída em três fases: a textual, a contextual e a intertextual. Com base nessa afirmação, marque a opção que faz uma relação incorreta:

ⓐ ( ) Identificar o gênero discursivo que o texto representa é uma operação textual.
ⓑ ( ) Julgar o dito em um texto é uma operação intertextual ou cultural.
ⓒ ( ) Identificar as informações literais do texto é uma operação textual.
ⓓ ( ) Caracterizar as partes estruturais de um texto é uma operação contextual.

Leia e analise o e-mail abaixo, encaminhado via portal corporativo.

De: Patrícia Limeira
Para: Maria Pereira e mais 6 destinatários

Bom dia!
A todas as mulheres em especial MARIA AMÉLIA QUE FAZ ANIVERSÁRIO JUNTO COMIGO HOJE!
PARABÉNS POR SER MULHER.... VEJAM ANEXO....

Patrícia Limeira
Engenheira Civil
Engenheira de Segurança do Trabalho
Técnica em Segurança do Trabalho
Gestora de Gestão Integrada SSQMA-RS Documentações
(Saúde, Segurança, Qualidade, Meio Ambiente, Responsabilidade Social e Documentações)
Elaboração, Implantação, Consultoria, Auditoria, Assessoria e Treinamentos

E-mail: administraçãoX@gmail.com
Telefone : Oi **(32) 9278- XXXX**
ISO 9001, ISO 14001,OHSAS 18001, SA 8000
PPRA, PGR, PCMSO, PPP, e outros documentos para aposentadoria e perícias.
COORDENADORA DA SAÚDE OCUPACIONAL DA MULTICLÍNICA MAIS SAÚDE
TERAPEUTA ORGANIZACIONAL HOLÍSTICA CRT xxxxx CREA xxxx D

AVISO LEGAL Esta mensagem é destinada exclusivamente para a(s) pessoa(s) a quem é dirigida, podendo conter informação confidencial e/ou legalmente privilegiada. Se você não for destinatário desta mensagem, desde já fica notificado de abster-se a divulgar, copiar, distribuir, examinar ou, de qualquer forma, utilizar a informação contida nesta mensagem, por ser ilegal. Caso você tenha recebido esta mensagem por engano, pedimos que nos retorne este E-Mail, promovendo, desde logo, a eliminação do seu conteúdo em sua base de dados, registros ou sistema de controle. Fica desprovida de eficácia e validade a mensagem que contiver vínculos obrigacionais, expedida por quem não detenha poderes de representação.

4 ▶ Todas as opções retratam atitudes incorretas da autora do e-mail, exceto:

a ( ) Ela utilizou o portal corporativo para promover questões e posicionamentos pessoais.
b ( ) Ela foi objetiva com as interlocutoras.
c ( ) Ela utilizou a caixa alta de maneira agressiva.
d ( ) Ela poluiu o campo de identificação com informações curriculares desnecessárias, o que pode ser entendido como estratégia de autopromoção.

5 ▶ Leia o poema "Não há vagas", de Ferreira Gullar (1963), e responda às questões.

O preço do feijão
não cabe no poema.
O preço do arroz
não cabe no poema.
Não cabem no poema o gás
a luz o telefone
a sonegação
do leite
da carne
do açúcar
do pão
O funcionário público
não cabe no poema
com seu salário de fome
sua vida fechada
em arquivos.
Como não cabem no poema
o operário
que esmerila seu dia de aço
e carvão
nas oficinas escuras
– porque o poema, senhores,
está fechado:
"não há vagas"
Só cabem no poema
o homem sem estômago
a mulher de nuvens
a fruta sem preço
O poema, senhores,
não fede nem cheira

O trecho sublinhado destaca dois sujeitos, que também não cabem no poema: o funcionário público e o operário. Nota-se aí um tom irônico do poeta. Eles não cabem no poema porque:

a ( ) Um vive enclausurado e sem perspectiva de promoção ou avanço intelectual, conduzido por "seu salário de fome", o outro, o operário de aço e carvão, perde seu dia (e seu tempo) nas oficinas escuras.
b ( ) Possuem funções assalariadas, cujo salário não permite uma evolução e uma ascensão social, bem como a aquisição de produtos importantes na dieta do cidadão como, por exemplo, leite, pão, carne e açúcar.
c ( ) Atuam em áreas insalubres, que lhes permitem benefícios negados a outras profissões.
d ( ) Ambos representam a classe trabalhadora do Brasil, que é desvalorizada e se torna invisível aos olhos da sociedade.

6 ▶ O poema da questão anterior é um texto literário que chama a atenção pela forma e pelo conteúdo. Das características da arte literária, a que não caracteriza o poema de Ferreira Gullar é:

- a ( ) O trabalho intenso com o valor conotativo das palavras.
- b ( ) O recurso da ironia.
- c ( ) A preocupação com o rigor da forma.
- d ( ) O compromisso com a ficcionalidade.

7 ▶ Marque a opção em que o texto acadêmico não foi corretamente definido:

- a ( ) Resenha é uma análise crítico descritiva de uma obra.
- b ( ) Ensaio é um texto dissertativo que discute um tema.
- c ( ) Fichamento é um instrumento que apresenta o plano de uma pesquisa.
- d ( ) Relatório é o texto que conta ao leitor uma experiência, uma vivência, um fato vivido.

8 ▶ Marque a opção em que o texto técnico não foi corretamente definido:

- a ( ) Currículo é um documento que apresenta um candidato a uma vaga, com os objetivos pretendidos por ele.
- b ( ) Atestado é um documento trocado entre pessoas que entendam de um mesmo assunto.
- c ( ) Ofício é uma modalidade de correspondência oficial em que os interlocutores ou ao menos um deles deve representar um órgão público.
- d ( ) Procuração é um documento por meio do qual uma pessoa física ou jurídica transfere poderes a outra.

9 ▶ Qual é a opção que descreve a postura adequada de uma recepcionista, ao ser abordada, ao mesmo tempo, pessoalmente e pelo telefone?

- a ( ) Deixa o telefone tocar e valoriza o cliente presencial.
- b ( ) Tira o telefone do gancho e atende o cliente presencial, com o tom de voz mais alto para o cliente que estiver na linha ouvir e compreender que ela está ocupada.
- c ( ) Cumprimenta o cliente presencial, pede um momento, atende o telefone, explica rapidamente a situação ao interlocutor, pedindo-lhe para aguardar um pouco e retorna ao cliente presencial.
- d ( ) Atende o telefone, resolve o caso e, depois, retorna ao cliente presencial.

GABARITO

1 – V F F V; 2 – A; 3 – D; 4 – B; 5 – A; 6 – C; 7 – C; 8 – B; 9 – C.

3

Uso da língua portuguesa culta

neste capítulo você estudará:

>> O objetivo do uso da **NORMA CULTA** da língua portuguesa e qual é a função da gramática.

>> **CONCORDÂNCIA** verbal e nominal, seus desdobramentos e exemplos ilustrando os diferentes casos.

>> Utilização e exemplos de **REGÊNCIA** verbal e nominal e outras regras gramaticais, como **PONTUAÇÃO** e uso dos **PORQUÊS**.

O objetivo fundamental da aula de língua portuguesa é levar os alunos a desenvolverem a competência comunicativa, ou seja, a capacidade do sujeito de mobilizar todas as suas habilidades para ser eficiente em uma situação de interação. Essas habilidades passam por conhecimentos gramaticais, sociolinguísticos, estratégicos e discursivos (CANALE, 1983).

Sendo a gramática, o conjunto de regras, normas, princípios e ensinamentos de um idioma, os **conhecimentos gramaticais** são aqueles relacionados à utilização padrão desse idioma. Os **conhecimentos sociolinguísticos** dizem respeito à habilidade dos interlocutores, principalmente do emissor, de adequarem a linguagem à situação comunicativa, o que demanda o conhecimento das variedades de uma língua e do contexto social no qual ela é utilizada. Por sua vez, os **conhecimentos discursivos** são aqueles relativos ao gênero textual a ser utilizado em cada situação, bem como à finalidade global do texto dentro de contextos e campos de atividades específicos. Já os **conhecimentos estratégicos** relacionam-se ao modo como o produtor do texto se porta para alcançar o objetivo pretendido, selecionando palavras, estratégias argumentativas e outros meios.

Cientes de que linguagem é poder e que esse poder, normalmente, é divulgado por meio da norma culta, é necessário que os cidadãos tenham em sua formação um espaço generoso para dedicar a essa habilidade. Em virtude disso, vamos dedicar nossa atenção a alguns aspectos dos **conhecimentos gramaticais**, principalmente, aqueles que mais expõem o produtor de textos, como concordância, regência, pontuação e crase, trazendo à tona os cem desvios mais comuns da língua portuguesa.

Ainda neste capítulo, você verá um instigante artigo sobre o uso da vírgula de modo funcional.

CONCORDÂNCIA VERBAL E CONCORDÂNCIA NOMINAL

Vamos partir do significado de "concordar", que é combinar, ajustar, harmonizar. Assim, quando a gramática trata de concordância, está se referindo à combinação entre termos, no intuito de torná-los harmônicos. Essa combinação pode ser verbal ou nominal.

CONCORDÂNCIA NOMINAL

Como regra geral, temos que concordância nominal é a adequação de artigos, adjetivos, numerais e pronomes ao substantivo a que se referem, respeitando número e gênero. Veja os exemplos:

Prezad**a** senhorit**a**
Nov**os** e pesad**os** encarg**os**
Os dever**es** conjuga**is**

> **importante >>**
>
> Há alguns casos em que a regra geral não funciona. Muitas vezes, é possível escolher entre uma ou outra concordância, embora deva-se sempre procurar ser claro e possibilitar que a frase soe bem. Vamos apresentar algumas regras para ajudar você nessas situações.

Às vezes, um mesmo adjetivo refere-se a mais de um substantivo. Quando isso ocorre, há várias possibilidades de concordância: preferimos a forma plural do adjetivo quando há variação de número, e a forma masculina do adjetivo quando há variação de gênero. Podemos ainda fazer o adjetivo concordar com o substantivo mais próximo.

> A máquina de escrever e a máquina de somar **velha ou velhas**.
> As máquinas de escrever e a máquina de somar **velha ou velhas**.
> A máquina de escrever e o arquivo **velho ou velhos**.
> As máquinas de escrever e o arquivo **velho ou velhos**.

Quando o adjetivo vem antes dos substantivos a que se refere, ele concorda, em geral, com o mais próximo.

> João escolheu mau local e hora para discutir aquilo.
> João escolheu má hora e local para discutir aquilo.

Quando dois ou mais adjetivos se referem ao mesmo substantivo precedido pelo artigo, as três construções abaixo são possíveis.

> Todos temem as armadas russa e americana/
> a armada russa e americana ou a armada russa e a americana.

Pronome indefinido + de + adjetivo = o adjetivo concorda com o sujeito ou fica na forma masculina singular.

> As salas do escritório nada têm de confortável/confortáveis.

Quando o adjetivo funciona como predicativo do sujeito (isto é, quando se refere ao sujeito, atribuindo uma característica) ou como predicativo do objeto (quando se refere ao objeto, atribuindo-lhe uma característica), concorda em gênero e número com o sujeito ou objeto.

> Era natal e os supermercados estavam cheios.
> Luíza estava atrasada.

Quando o sujeito ou objeto é formado por dois elementos de gêneros diferentes, seu predicativo irá para o masculino plural.

> Achei o diretor e sua esposa antipáticos.
> As salas e os banheiros já foram limpos.

Se o sujeito for um pronome de tratamento, o adjetivo concorda com o sexo da pessoa a quem nos referimos.

> Suas Excelências foram muito severos.
> Vossa Exa. pode ficar tranquila.

Os pronomes indefinidos muito, pouco, todo, bastante concordam com o substantivo em gênero e número. Como advérbios, essas palavras são invariáveis.

> Todo jogo é ilegal neste país. / Li bastantes livros nesse ano.
> Cristina está muito feliz. / Li bastante nessas férias.

As expressões "é necessário", "é bom", "é preciso", "é proibido" ficam invariáveis se o substantivo a que se referem vem sem artigo. Mas se o substantivo vem precedido de artigo, teremos a concordância em gênero e número com o artigo.

> É preciso paciência. / É proibido rádio de pilha.
> É proibida a entrada.

Os pronomes indefinidos mais e menos são invariáveis.

> Quero menos fofoca. / Mais silêncio, por favor!

O numeral meio concorda com o substantivo a que se refere. Mas como advérbio, meio é invariável.

> É meio dia e meia. / Preciso de meia garrafa de leite.
> Ele ficou meio zangado. / Ela ficou meio zangada.

Há alguns adjetivos como claro, alto, caro, sério, raro, rápido que são usados como advérbios e são, portanto, invariáveis.

CONCORDÂNCIA VERBAL

Como regra geral, temos que o verbo concorda em número e pessoa com o sujeito da oração.

> Os últimos anos passaram rápido. /
> Falei claro ou não?

- Eduardo come pipocas.

> Sujeito (Eduardo) = 3ª pessoa do singular
> Verbo (come) = 3ª pessoa do singular

- A solidariedade e a ação solidificam sua força no Brasil.

> Sujeito composto (A solidariedade e a ação) = 3ª pessoa do plural
> Verbo (solidificam) = 3ª pessoa do plural

Vamos, agora, analisar as regras mais específicas, que envolvem o sujeito simples, o sujeito composto, os verbos impessoais e a concordância ideológica.

Quando o sujeito for uma expressão partitiva, seguida de um substantivo no plural, o verbo pode ir para o singular ou para o plural.

> Não se entende por que a maioria dos alunos não gosta/gostam de escrever.
>
> Grande parte dos candidatos a vereador mal sabia/sabiam assinar o próprio nome.

Quando o sujeito for um número percentual, o verbo concorda com esse número, mas se vier determinado por uma expressão no plural, a concordância se faz no singular ou no plural.

> Trinta e seis por cento não compareceram à votação.
>
> Um por cento dos eleitores não compareceu/compareceram.

Quando o sujeito for constituído de expressão indicativa de quantidade aproximada (mais de, menos de, cerca de, perto de) seguida de numerais, o verbo concorda com o substantivo que segue a expressão. Se a expressão vier repetida, o verbo irá para o plural.

> Cerca de cinquenta mil pessoas estavam no estádio na hora da confusão.
>
> Mais de um aluno deixou de entregar o trabalho escrito.
>
> Mais de uma atividade, mais de um instrumento de avaliação são necessários para que os alunos demonstrem o que aprenderam.

Quando o sujeito for o pronome relativo "que", o verbo concorda em número e pessoa com o sujeito da oração principal, porém quando o sujeito for o pronome relativo "quem" o verbo poderá concordar com o antecedente ou com o próprio pronome.

> Eu, que sempre me esforcei tanto, espero passar no vestibular.
>
> Não serás tu que me farás sofrer.
>
> Fui eu quem pintei/pintou este quadro.

Quando o sujeito for um pronome indefinido ou relativo no plural, seguido da preposição "de" e dos pronomes pessoais "nós" e "vós", o verbo poderá concordar com o pronome indefinido ou com o pessoal. Mas se o pronome indefinido ou relativo vier no singular, o verbo concordará sempre com ele (3ª pessoa do singular).

> Alguns de nós esperavam/esperávamos melhores resultados.
>
> Quais de nós poderiam/poderíamos prever o que iria acontecer?
>
> Algum de nós foi o responsável pela denúncia.

Quando o sujeito for um pronome de tratamento, o verbo vai para a 3ª pessoa do singular ou do plural, dependendo do número do pronome.

> Espero que Vossa Senhoria entenda os motivos que me levam a fazer esta reclamação.
>
> Sua Santidade abençoou os fiéis.

Quando o núcleo do sujeito for constituído de um substantivo que apresenta a forma plural, o verbo irá para o singular, se o substantivo não vier antecedido por um determinante no plural (artigo, pronome ou numeral); se vier antecedido por determinante, o verbo irá para o plural.

> Férias é um período de necessário descanso.
>
> Minhas férias são sempre um período de descanso.
>
> Os Estados Unidos são uma grande potência.

Quando o verbo for seguido do pronome "se", que indica indeterminação do sujeito, ficará na 3ª pessoa do singular, mas se o pronome indicar a voz passiva sintética, o verbo concordará com o sujeito da oração.

> Precisa-se de pessoas comprometidas.
>
> Aluga(m)-se quarto(s) para rapazes solteiros.

Quando o sujeito é constituído pela expressão "um dos que", o verbo da oração adjetiva (com função de adjetivo) pode ficar no singular ou no plural. **O singular é preferido quando o verbo da oração só se aplica ao seletivo "um"**.

> Foi um de seus afilhados que **jantou** conosco ontem.
>
> Paulo é um dos que mais **estuda ou estudam**.
>
> Drummond é um dos nossos escritores que melhor **escreve ou escrevem** poemas.

O verbo **parecer** pode ser empregado pessoalmente (admitindo sujeito e concordando com ele) ou na 3ª pessoa do singular, admitindo como sujeito uma oração com função de sujeito (oração subordinada substantiva subjetiva).

▶ **Casos de concordância com o sujeito composto**

> As férias **parecem** mais curtas a cada ano.
>
> Os diretores **pareciam estar** muito irritados.
>
> **Parece** que Lúcia e Carlos ainda não chegaram.
>
> **Parece** que ele chega hoje.

Quando o sujeito composto estiver **antes do verbo**, este último ficará no **plural**.

> Paola e Pedro **gostaram** do seu interesse em vender a casa.

Quando o sujeito vier **depois do verbo**, este último ficará no plural ou com o núcleo do sujeito que estiver mais próximo ao verbo.

> **Dividiram** a comida, a mãe, os seus filhos e os amigos de seus filhos.

ou

> **Dividiu** a comida, a mãe, os seus filhos e os amigos de seus filhos.

Quando um pronome indefinido (tudo, nada, ninguém, alguém) resumir os núcleos do sujeito, o verbo fica no singular.

> As tribulações, o sofrimento, as tristezas,
> nada nos **separa** de quem nos ama e amamos de verdade.

Quando o sujeito composto vier ligado por **ou**, ou com sentido de exclusão, o verbo fica no singular.

> Paola ou Pedro **virá** aqui em casa hoje.

Com sentido de adição, o verbo fica no plural.

> O ingresso ou o ticket **são** aceitos aqui.

Com sentido de retificação, o verbo concorda com o núcleo mais próximo.

> O professor titular ou os professores
> **concordaram** com essa decisão.

Quando o sujeito for representado pela expressão "um e outro", o verbo concorda ou no singular, ou no plural.

> Um e outro aluno **fez (fizeram)** o trabalho manuscrito.

Quando o sujeito for representado por uma das expressões "um ou outro"; "nem um nem outro", o verbo fica no singular.

> Nem um nem outro **fez** o trabalho manuscrito.

Quando o sujeito composto for ligado por com, o verbo fica ou no singular ou no plural, dependerá da ênfase que se quer dar: ou a algum dos núcleos do sujeito ou aos dois.

> O prefeito com seus assessores **fizeram** uma boa campanha.
> O prefeito, com seus assessores, **fez** uma boa campanha.

Quando o sujeito apresentar as expressões "nem... nem", "tanto... como", "assim... como", "não só... mas também", o verbo geralmente vai para o plural.

> Não só o uso de drogas, mas também a companhia errada trazem prejuízos irreversíveis ao indivíduo.

Quando os núcleos do sujeito são representados por pronomes pessoais do caso reto, o verbo fica no plural.

▸ Eu, tu e ele **vamos** hoje ao dentista. (nós – plural)

▸ Tu e ela **ireis** ficar bem até o final da manhã. (vós – plural)

▸ Ela e ele **estudam** mais do que o necessário por dia. (eles – plural)

▸ **Casos de concordância com verbos impessoais**

Os verbos **haver, fazer, ser, estar,** quando impessoais, assim como os verbos que indicam fenômenos da natureza **(chover, ventar, anoitecer, trovejar)**, ficam na 3ª pessoa do singular (pessoa em que ficam todos os impessoais). Também concordam no singular os verbos auxiliares que os acompanham.

> **Choveu** muito ontem.
> **Havia** muitos papéis espalhados pelo chão.
> **Há** anos que não o vejo.
> **Faz** três dias que cheguei.
> **É** cedo.
> **Deve haver** mais gente lá fora.
> **Vai haver** confusão.

Referindo-se às horas, os verbos **dar, bater e soar** concordam regularmente com o sujeito horas, relógio ou badaladas, expresso ou não na oração.

> **Deram** duas horas da manhã.
> O relógio da sala **deu** onze horas.
> **Soaram** doze badaladas no relógio da matriz.
> **Soou** uma hora.

▶ Casos de concordância com o verbo ser

O verbo **ser** possui uma concordância especial, diferente das demais, pois ela é feita entre o verbo e o predicativo, e não entre o verbo e o sujeito.

Quando o sujeito for um dos pronomes isto, isso, aquilo, tudo, e o predicativo estiver no plural, o verbo ser concordará com este último.

> Isto são horas?
> Isto são manias de velho.

Quando indicamos horas, datas e distâncias, sendo o verbo **ser** impessoal, a concordância se faz com o predicativo.

> São doze horas.
> Da cidade ao escritório são dez quilômetros?
> Hoje é dia vinte.
> Hoje são vinte.

Quando o sujeito tiver um sentido coletivo, o verbo **ser** concordará, normalmente, com o predicativo.

> A maioria **eram** gerentes.
> A maior parte **eram** gerentes.
> O resto **são** livros velhos,

Quando temos expressões de quantidade (medida, peso, preço, tempo, valor) e um predicativo invariável (pouco, muito, tanto, mais de, menos de etc.). O verbo **ser** fica invariável.

> Dez metros **é** mais do que suficiente.
> Trezentos cruzeiros **é** pouco.

O verbo **ser** permanece invariável na expressão de realce **é que**.

> Eu **é que** mantenho a ordem aqui.
> Nós **é que** saímos prejudicados.

Quando o sujeito é um nome de coisa, no singular, e o predicativo um substantivo no plural, o verbo **ser** concorda com o predicativo. Quando o sujeito for um nome de pessoa, o verbo ser concordará com ele:

> A causa **eram** os meus sonhos.
> Sua salvação **foram** aqueles remédios.
> Emília **é** as alegrias da avó.
> Márcia **era** os olhos do avô.

Se o predicativo for um pronome pessoal, o verbo **ser** concordará com ele.

> O chefe **sou** eu.
> Sua alegria **eram** eles.

REGÊNCIA VERBAL E REGÊNCIA NOMINAL

O estudo da regência do ponto de vista gramatical serve para determinar se os complementos dos nomes ou dos verbos são acompanhados por preposição. Os complementos verbais são os objetos diretos ou indiretos, e os dos nomes são chamados de complementos nominais.

Exemplo:

A criança tem necessidade de roupa.

Quem **tem necessidade**, tem necessidade "**de**" alguma coisa. De roupa: complemento nominal.

Na verdade, não existem regras. Cada palavra exige um complemento e rege uma preposição. Muitas regências nós aprendemos de tanto escutá-las, porém não significa que todas estejam corretas. Ouvimos muito, por exemplo: "Prefiro mais cinema do que teatro." Entretanto, "preferir mais" não existe, de acordo com as normas gramaticais, pois ninguém prefere menos. É, portanto, uma redundância.

Quem prefere alguma coisa, prefere "a" outra. A frase correta é: "Prefiro cinema **a** teatro". O verbo preferir é transitivo direto e indireto e o objeto indireto deve vir com a preposição "a". "Prefiro ir à praia a estudar." (Preferir ir a + a praia: a + a: à – ver tópico sobre **crase**).

QUADRO 3.1 ▶ ALGUMAS REGÊNCIAS NOMINAIS

Acessível **a**	Fiel **a**	Odioso **a** ou **para**
Acostumado **a** ou **com**	Grato **a**	Posterior **a**
Alheio **a**	Hábil **em**	Preferência **a** ou **por**
Alusão **a**	Habituado **a**	Preferível **a**
Ansioso **por**	Inacessível **a**	Prejudicial **a**
Atenção **a** ou **para**	Indeciso **em**	Próprio **de** ou **para**
Atento **a** ou **em**	Invasão **de**	Próximo **a** ou **de**
Benéfico **a**	Junto **a** ou **de**	Querido **de** ou **por**
Compatível **com**	Leal **a**	Residente **em**
Cuidadoso **com**	Maior **de**	Respeito **a** ou **por**
Desacostumado **a** ou **com**	Morador **em**	Sensível **a**
Desatento **a**	Natural **de**	Simpatia **por**
Desfavorável **a**	Necessário **a**	Simpático **a**
Desrespeito **a**	Necessidade **de**	Útil **a** ou **para**
Estranho **a**	Nocivo **a**	Versado **em**
Favorável **a**	Ódio **a** ou **contra**	

O estudo da regência verbal nos ajuda a escrever melhor. Ao atentarmos para esse tema, precisamos identificar a transitividade do verbo, que pode ser: transitivo direto, transitivo indireto, transitivo direto e indireto e intransitivo. Veja a regência de alguns verbos:

ASPIRAR

O verbo aspirar pode ser transitivo direto ou transitivo indireto. Transitivo direto: quando significa "sorver", "tragar", "inspirar" e exige complemento sem preposição.

> Ela aspirou o aroma das flores.
> Todos nós gostamos de aspirar o ar do campo.

Transitivo indireto: quando significa "pretender", "desejar", "almejar" e exige complemento com a preposição "a".

> O candidato aspirava a uma posição de destaque.
> Ela sempre aspirou a esse emprego.

Quando "aspirar" é transitivo indireto não admite a substituição pelos pronomes lhe(s). É necessário substituir por "a ele(s)", "a ela(s)".

> Aspiras a este cargo?
> Sim, aspiro a ele. (e não "aspiro-lhe")

ASSISTIR

O verbo assistir pode ser transitivo indireto, transitivo direto e intransitivo. Transitivo indireto: quando significa "ver", "presenciar", "caber", "pertencer" e exige complemento com a preposição "a".

> Assisti a um filme. (ver)
> Ele assistiu ao jogo.
> Este direito assiste aos alunos. (caber)

Transitivo direto: quando significa "socorrer", "ajudar" e exige complemento sem preposição.

> O médico assiste o ferido. (cuida)

Intransitivo: quando significa "morar" exige a preposição "em".

> O papa assiste no Vaticano. (no: em + o)
> Eu assisto no Rio de Janeiro.

"No Vaticano" e "no Rio de Janeiro" são adjuntos adverbiais de lugar.

CHAMAR

O verbo chamar pode ser transitivo direto ou transitivo indireto.

É transitivo direto quando significa "convocar", "fazer vir" e exige complemento sem preposição.

> O professor chamou o aluno.

É transitivo indireto quando significa "invocar" e é usado com a preposição "por".

> Ela chamava por Jesus.

Com o sentido de "apelidar" pode exigir ou não a preposição, ou seja, pode ser transitivo direto ou transitivo indireto.

Admite as seguintes construções:

> Chamei Pedro de bobo. (chamei-o de bobo)
> Chamei a Pedro de bobo. (chamei-lhe de bobo)
> Chamei Pedro bobo. (chamei-o bobo)
> Chamei a Pedro bobo. (chamei-lhe bobo)

VISAR

Pode ser transitivo direto (sem preposição) ou transitivo indireto (com preposição). Quando significa "dar visto" e "mirar" é transitivo direto.

> O funcionário já visou todos os cheques. (dar visto)
> O arqueiro visou o alvo e atirou. (mirar)

Quando significa "desejar", "almejar", "pretender", "ter em vista" é transitivo indireto e exige a preposição "a".

> Muitos visavam ao cargo.
>
> Ele visa ao poder.

Neste caso não admite o pronome lhe(s) e deverá ser substituído por a ele(s), a ela(s). Ou seja, não se diz: viso-lhe.

Quando o verbo "visar" é seguido por um infinitivo, a preposição é geralmente omitida:

> Ele visava atingir o posto de comando.

ESQUECER/LEMBRAR

Podemos ter em mente duas situações específicas:

- ▶ Lembrar algo/esquecer algo
- ▶ Lembrar-se de algo/esquecer-se de algo (pronominal)

No 1º caso, os verbos são transitivos diretos, ou seja, exigem complemento sem preposição.

> Ele esqueceu o livro.

No 2º caso, os verbos são pronominais (-se, -me etc.) e exigem complemento com a preposição "de". São, portanto, transitivos indiretos.

> Ele se esqueceu do caderno.
>
> Eu me esqueci da chave.
>
> Eles se esqueceram da prova.
>
> Nós nos lembramos de tudo o que aconteceu.

para saber +

Há uma construção em que a coisa esquecida ou lembrada passa a funcionar como sujeito e o verbo sofre leve alteração de sentido. É uma construção muito rara na língua contemporânea, porém, é fácil encontrá-la em textos clássicos tanto brasileiros como portugueses. Machado de Assis, por exemplo, fez uso dessa construção várias vezes.

– Esqueceu-me a tragédia. (cair no esquecimento) /
– Lembrou-me a festa. (vir à lembrança)

O verbo lembrar também pode ser transitivo direto e indireto (lembrar alguma coisa a alguém ou alguém de alguma coisa).

PREFERIR

É transitivo direto e indireto, ou seja, possui um objeto direto (complemento sem preposição) e um objeto indireto (complemento com preposição).

>Prefiro cinema a teatro.
>Prefiro passear a ver TV.

Não é correto dizer: "Prefiro cinema do que teatro".

SIMPATIZAR

Transitivo indireto, exige a preposição "com".

>Não simpatizei com os jurados.

QUERER

Pode ser transitivo direto (no sentido de "desejar") ou transitivo indireto (no sentido de "ter afeto", "estimar").

>A criança quer sorvete.
>Quero a meus pais.

NAMORAR

É transitivo direto, ou seja, não admite preposição.

> Maria namora João.

Não é correto dizer: "Maria namora com João".

OBEDECER

É transitivo indireto, ou seja, exige complemento com a preposição "a".

> Devemos obedecer aos pais.

Embora seja transitivo indireto, esse verbo pode ser usado na voz passiva:

> A fila não foi obedecida.

VER

É transitivo direto, ou seja, não exige preposição.

> Ele viu o filme.

PONTUAÇÃO, CRASE E USO DO PORQUÊ

PONTUAÇÃO

A SOMBRA DAS VÍRGULAS

José Cândido de Carvalho (1972, p. 47)

Olibório Bastos era louco por vírgulas. Escrevendo nas páginas de *O Arauto*, era aquela virgulação sem fim, uma atrás das outras, em jeito de formiga carregadeira. Falando, em seus improvisos da Praça da Aclamação, era a mesma coisa ou pior. Confessava para quem quisesse ouvir:

– Vírgula é comigo! Nem o Presidente da República coloca vírgula melhor que eu. Não perco uma!

Certo domingo, por ocasião da visita do Governador Pires de Melo a Santo Antônio do Freixedo, Olibório Bastos foi incumbido de saudar o ilustre visitante em nome do Partido Radical. Entrou de vírgula na boca:

– Senhor Governador vírgula fui honrado pelo Partido Radical para vírgula em nome dessa gloriosa agremiação vírgula saudar Vossa Excelência que vírgula descendo dos seus inúmeros quefazeres vírgula veio até nós para um convívio de perfeita amizade ponto.

Choveu vírgula no discurso de Olibório Bastos. Para não ficar atrás em assuntos de vírgula, o Capitão Azeredo Mendonça, representante do partido Republicano, pediu a palavra e disse:

– Senhor Governador vírgula tenho a grande honra vírgula de saudar vírgula Vossa Excelência nesta hora vírgula em que vírgula a cidade de Santo Antônio do Freixedo vírgula hospeda vírgula honrosamente vírgula o ilustre governador Pires de Melo ponto.

Em assunto de vírgula, o Partido Republicano venceu seus adversários. Por oitenta vírgulas a mais.

Tanto a falta como o excesso da pontuação podem comprometer o entendimento de um texto, tornando-o confuso e desinteressante.

Quando falamos ou escrevemos, fazemos pausas mais ou menos prolongadas, algumas dessas pausas, se não existissem, não impediriam que o ouvinte entendesse nossa mensagem. Outras, porém, são obrigatórias, porque delas depende a interpretação que o ouvinte (ou leitor) fará da nossa mensagem.

A pontuação não existe para complicar nossa vida; pelo contrário, é ela que possibilita evitar erros de interpretação. Ela é o conjunto de sinais gráficos de que nos utilizamos na linguagem escrita para marcar as pausas e o ritmo das frases.

QUADRO 3.2 ▸ SINAIS DE PONTUAÇÃO MAIS COMUNS NA LÍNGUA PORTUGUESA

SINAIS DE PONTUAÇÃO	EXEMPLOS
Vírgula (,)	Preciso de flores, frutas e livro.
Ponto (.)	Preciso de tudo isso.
Ponto e vírgula (;)	No supermercado, Júlia comprou carne e condimentos; na padaria, comprou o restante das coisas.
Dois pontos (:)	O chefe perguntou: "Por que o atraso?"
Ponto de interrogação (?)	Por que o atraso?
Ponto de exclamação (!)	Que mensagem linda!
Reticências (...)	Bem... eu pensei bastante... e decidi que não vou.
Aspas (" ")	O "chefão" já saiu!
Parênteses ( )	Sobraram vagas em alguns cursos da Universidade Federal de Minas Gerais (UFMG).
Travessão (–)	– Você vai ao teatro hoje?

A pontuação é mais uma questão de estilo. Depende, muitas vezes, da necessidade de expressão de quem escreve. Mas existem algumas noções importantes no emprego dos principais sinais de pontuação que você deve conhecer.

▶ **Usamos a vírgula para:**

Separar enumeração:

> Pedi blocos de resumo, lápis e um gravador.

Separar orações justapostas, coordenadas sindéticas (exceto a aditiva com o mesmo sujeito) ou subordinadas:

> Felipe chegou, sentou, abriu uma revista e sorriu muito.
> Enquanto você prepara o café, eu vou buscar o pão.

Separar vocativos:

> Você é demais, **Júlio**.
> Oi, **Sueli**, como vai?

Separar apostos:

> Márcia, **a ascensorista**, vivia assobiando.

Intercalar expressões ou orações:

> Lúcia, com certeza, foi ao banco.
> Celso, a meu ver, merece toda consideração.
> É verdade, respondeu ele, não sei do que se trata.
> O vigia, que era idoso, andava com dificuldade.

Marcar a mudança de lugar de um adjunto adverbial (para o início da frase) ou a sua ênfase:

> Durante o almoço, só se comentava isso.
> Ele apareceu, finalmente!

Separar, nas datas, os nomes de lugar:

> São Paulo, 28 de setembro de 2013.

Separar orações reduzidas:

> Saindo de casa, encontrei o Eduardo.

Separar termos repetidos:

> A camisa ficou branquinha, branquinha.

Marcar a supressão de algum termo:

> Na sala, apenas duas mesas.

▶ **Não separamos com vírgula:**

O sujeito do verbo e o verbo do complemento.

Exemplos:

A proposta de Sérgio e o projeto da Ana Clara foram aceitos.

A proposta de Sérgio e o projeto da Ana Clara apresentaram inconsistências.

Orações subordinadas substantivas

Exemplo:

É preciso chegar na hora marcada.

É necessário que você entregue o relatório hoje.

▶ **Utilizamos o ponto final para:**

Marcar a conclusão de um pensamento.

Exemplos:

> Trabalho das 8 às 18h.
> Não suporto barulho de aspirador de pó.
> O elevador está quebrado.

▶ **Usamos ponto e vírgula para:**

Separar orações coordenadas, mais extensas, quando a vírgula já foi usada no interior de cada oração:

> Antes, tínhamos problemas de pessoal;
> hoje, temos problemas com as máquinas.
>
> Uns preferem vinho; outros, cerveja.

Enumerar itens:

> Nesta apostila, estudaremos:
> – concordância verbal e nominal;
> – regência verbal nominal;
> – pontuação, crase e uso do porquê.

▶ **Usamos os dois pontos:**

Antes de uma citação, principalmente em um diálogo:

> Dr. Amaral perguntou à Júlia:
> – Você entendeu o que tem de ser feito?

Antes de uma explicação ou enumeração:

> Laís insistiu com o chefe: queria férias.
> Aqui, joga-se de tudo: voleibol, futebol, basquete e tênis.

▶ **Utilizamos o ponto de interrogação para:**

Perguntas diretas:

> Que horas são?

▶ **Usamos o ponto de exclamação para:**

Indicar estados de emoção (surpresa, susto, raiva, dor, alívio etc.):

> Ótimo! – suspirou o gerente.
> Até que enfim!

▶ **Usamos as reticências para:**

Indicar interrupção de pensamento, hesitação ou prolongamento de uma ideia:

> Bem... você sabe... eu sempre amei você!

Ou, para indicar supressão de parte de uma transcrição:

> Machado de Assis escreveu: "não tive filhos; não transmiti a nenhuma criatura o legado da nossa miséria (...)".

▶ **Usamos as aspas:**

Em citações diretas:

> Sobre esse assunto, França lembra que "A fonte de onde foi extraída a informação deve ser citada obrigatoriamente, respeitando-se dessa forma os direitos autorais". (FRANÇA, 2007, p. 107)

Para realçar algum termo, indicar gíria ou estrangeirismo:

> Sônia "nunca" participou de nenhuma reunião.
> Há um "playground" na área comum do prédio.

Para indicar ironia:

> Chamam de "Democracia" a vários regimes de terror.

▶ **Usamos os parênteses para:**

Intercalar explicações ou comentários, substituindo as vírgulas:

> Esqueci-me de contar que a Ângela
> (a caçula da Ivete) já se formou.

Incluir a sigla de um termo expresso por extenso anteriormente:

> O Instituto Brasileiro de Geografia e Estatística (IBGE)
> tem muita credibilidade em nosso país.

▶ **Usamos o travessão para:**

Nos diálogos, indicar a fala de alguém:

> – Brincadeira tem hora, pai. Tô precisando de gravador.
> – Verdade? – disse o pai.

Separar um elemento no interior da frase, substituindo a vírgula:

> Naquele mês – julho – fez muito frio.

Separar o aposto:

> Sales – o porteiro – vivia mal humorado.

CRASE

É a fusão escrita e oral de duas vogais idênticas. A palavra crase nomeia a contração da preposição *a* exigida pela regência do verbo ou do nome (substantivo, adjetivo ou advérbio) com:

- Artigo feminino *a(s)*: Ele não resistiu à *pressão* e demitiu-se.
- Pronomes demonstrativos *aquilo, aquele(s), aquela(s)*: Por favor, encaminhe-se àquele balcão.
- Pronome demonstrativo *a(s)*: Suas condições são semelhantes às *dos americanos*.

Portanto, excluindo os casos de demonstrativos, a crase ocorre apenas *antes de palavra feminina*.

Exemplo:

Refiro-me **à**s atividades que fizemos ontem. Lembram-se?

Repare que o verbo **referir** exige a preposição **a**; o nome **atividades** aceita o artigo feminino **as**; e a fusão dos dois "**as**" é assinalado pelo sinal grave (`) sobre o a: **à**

▶ Outros usos da crase

Em locuções adverbiais e prepositivas femininas, como: às vezes, às pressas, às claras, à toa, à custa de, à esquerda, à direita, às avessas, à noite, às quatro horas, às escondidas, à tona, a crase também é utilizada, mas não ocorre crase nas locuções adverbiais de instrumento, como bordar a mão, cortar a faca, escrever a máquina.

▶ Utiliza-se a crase:

Antes de nomes de lugares femininos ou especificados:

– Vou à França (Posso comprovar que a palavra é feminina, usando o verbo voltar – Volta da (de + a) França)

– Vou a Paris – Volto de Paris. Mas se a palavra Paris estiver especificada, pode-se usar a crase. Como em: Vou à Paris dos meus sonhos.

Nas expressões proporcionais à medida que, à proporção que.

Antes da palavra casa, se ela for determinada, pois sozinha, ela não admite artigo:

> – Estou vindo de casa. (Vou a casa)
> – Venho da linda casa dos meus avós. (Vou à linda casa dos meus avós)

O mesmo acontece com a palavra terra. Mas quando se tratar de Terra (planeta), sempre ocorrerá.

Quando estão subentendidas as expressões à moda de, à maneira de, ou palavras como faculdade, universidade, empresa, companhia, mesmo que diante de palavras masculinas. Veja que a análise não é feita pela palavra masculina que aparece, mas pela outra que está oculta, subentendida:

> Usa roupas à Antônio Banderas. (À moda desse ator)
> Refiro-me à UERJ. (À universidade)

▶ **Casos facultativos:**

Diante de nomes próprios femininos:

> Procurou ser agradável à Mariana ou a Mariana.

Diante de pronomes possessivos femininos:

> Referia-me à sua irmã ou a sua irmã.

Na locução prepositiva até a:

> Levou a discussão até as (ou até às) últimas consequências.

▶ **Não ocorre crase:**

Antes de substantivos masculinos:

> O ricaço gasta dinheiro a rodo.

Antes de verbo:

> Rapidamente aprendeu a ler.

Antes do artigo indefinido uma, antes de numerais, antes de pronomes que não admitem o artigo a (pessoais, indefinidos, demonstrativos, relativos):

> Não me submeto a uma ordem desse tipo.
> Moraram na Europa de 1980 a 1995.

Entre substantivos repetidos:

> Os dois rivais estavam face a face.

Antes de palavras no plural precedidas de artigo com sentido genérico:

> Não vou a festas.

para saber +

Acesse o site: http://www.portugues.com.br/gramatica/o-uso-crase-.html

USO DO PORQUÊ

São quatro as grafias do porquê, sendo que cada uma delas está relacionada à função que esse termo exerce na frase.

▶ **Grafa-se "por que" (separado e sem acento) em três situações:**

Quando inicia ou introduz uma frase interrogativa (direta ou indireta):

> Por que saíste agora?
> E nós, por que ficamos?
> Não sei por que você foi embora.

Quando for substituível por "pelo(a) qual", "pelos(as) quais":

> Não sei por que (pela qual) razão me ofendeu.
> As dificuldades por que (pelas quais) passei foram muitas.

Depois das palavras **eis** e **daí**, porque fica pré-subentendida a palavra "motivo".

> Eis por que não te falei do assunto tratado.
> Eis o motivo pelo qual não te falei do assunto da reunião.

▶ Grafa-se "por quê" (separado e com acento) quando essa expressão "bater contra" um sinal de pontuação (seja vírgula, ponto de interrogação etc.)

> Você foi embora por quê?

▶ Grafa-se "porquê" (junto e com acento), quando essa palavra estiver substantivada, ou seja, precedida de o(s), um(uns), que são artigos.

> O porquê da questão não foi esclarecido.
> Um porquê pode ser grafado de quatro modos.

▶ Grafa-se "porque" (junto e sem acento) nos demais casos.

> Não fui à aula porque estava doente.

EM CONTATO COM A PESQUISA CIENTÍFICA: EXPLORAÇÃO DE UM ARTIGO

A seguir você lerá um texto a respeito do uso da vírgula e, além de adquirir essas importantes informações sobre pontuação, terá contato com um texto no formato de artigo científico, já estudado neste livro, que servirá como um ótimo exemplo.

▶▶ REFLEXÕES SOBRE PONTUAÇÃO: ◀◀
UMA PROPOSTA PARA O USO DA VÍRGULA

Aidalice Ramalho Murta (2013)

1. INTRODUÇÃO

O trabalho cotidiano de ensino de língua portuguesa, no tocante a aspectos da escrita, costuma ser permeado por alguns mitos que, como tal, requerem maiores discussões, a fim de que seja possível realizar um ensino eficaz. Coisas do tipo de "Não faça períodos muito longos", "Não repita palavras", dentre outras afirmações, constituem uma espécie de "máximas míticas" que são enunciadas como se tivessem o condão de garantir a produção de um bom texto. Entretanto, a que nos chama a atenção e é objeto deste artigo é aquela que define a vírgula, ao mesmo tempo em que pretende sugerir-lhe uma função, como um sinal de pontuação que representa uma pausa. Afinal, o uso da vírgula constitui um dos pontos de maior dificuldade na elaboração de textos dos mais variados gêneros, originados das mais diversas situações comunicativas, envolvendo os mais diferentes perfis de produtores e de leitores.

Este artigo busca discutir as especificidades da vírgula, buscando apontar-lhe algumas funções, de maneira a se construir um breve recurso de explicitação de algumas (de um maior número, acredito) das condições de uso (e, consequentemente, de ensino) desse sinal de pontuação.

As considerações aqui apresentadas são frutos, além de leituras sobre o tema, de experiências de sala de aula que englobam as produções escritas de alunos que vão desde a educação básica até os níveis de diferentes áreas da graduação, notadamente estes últimos.

O professor da área de Letras defronta-se rotineiramente com a demanda de estudantes, solicitando-lhe o auxílio no uso da pontuação, sendo o emprego da vírgula o aspecto que apresenta maior grau de dificuldade de aprendizagem, pois as orientações de colocação da vírgula presentes nos manuais de gramática são atreladas ao estudo de sintaxe. Como, a nosso ver, a utilização desse sinal de pontuação extrapola a dimensão sintática do enunciado, atendendo a orientações da situação comunicativa, o ensino fundamentado tão somente em regras de classificação sintática não consegue abranger um bom número das possibilidades de uso da vírgula, pautadas nesses impositivos.

Acreditamos, de acordo com Oliveira (2005), que os estudantes aprendem a escrever por meio de um processo de construção de conhecimento intermediado pela oralidade e isso leva à elaboração de hipóteses acerca do uso da vírgula que tomam por base as dramatizações (ênfases, entonações, pausas, movimentos da respiração, dentre outros) realizadas nos processos de produção da fala. Entretanto, a consolidação do processo do aprendizado da escrita acontece quando o sujeito é capaz de escrever com autonomia em relação à fala, e é essa autonomia que as aulas de língua materna devem objetivar construir.

Essa necessidade de que os estudantes sejam mais bem formados no que diz respeito à sua competência comunicativa (TRAVAGLIA, 1998) requer que o professor de língua materna lide com estratégias de ensino mais produtivas para esse processo. Para isso, é fundamental que o professor conheça razoavelmente seu objeto de ensino, a ponto de reconhecer as hipóteses que seu aluno aventa, quando escreve o que escreve.

Na busca de atuar nessa perspectiva, formulamos três perguntas:

1. Qual é a função da vírgula?
2. Como proceder ao uso da vírgula, de modo a atender essa função?
3. Como ensinar os alunos a usarem a vírgula de modo mais próximo ao padrão?

Todavia, para responder à questão 3, é fundamental que antes o professor responda a:

4. Que hipóteses de uso os estudantes levantam quando utilizam a vírgula?

Desse contexto, surgiram os apontamentos que aqui serão apresentados. Assim, a fim de tentarmos nos fazer mais claros, primeiramente trazemos as concepções teóricas que fundamentam nossa prática para, em seguida, apresentarmos uma exposição do que fazemos nas aulas de ensino de uso da vírgula. Deve ficar claro, no entanto, que não pretendemos em hipótese alguma apresentar uma receita ou um esboço de manual de ensino da vírgula. Antes, desejamos trocar experiências acerca do assunto, buscando ensejar uma discussão mais produtiva (no sentido que Travaglia usa esse termo para se referir aos tipos de ensino) sobre o tema.

2. LINGUAGEM, ENUNCIAÇÃO E TEXTUALIDADE

Primeiramente, deixamos claro que adotamos a concepção discursivo-enunciativa de linguagem, ou seja, aquela que entende que, ao enunciarmos algo, agimos sobre o mundo, alterando-o de alguma forma, do mesmo modo que somos por ele condicionados e modificados.

É esta última concepção que norteia nossos estudos por entendermos que, tal como apontaram Oliveira e Assumpção (2003), tomando por base os trabalhos de Beaugrande (1997), Schneuwly (1988) e Bronckart (1999), o texto significa um "evento comunicativo" no interior do qual são articuladas ações tanto linguísticas quanto sociais e cognitivas, cujas estratégias de organização revelam perspectivas discursivas que compõem o processo de textualização, processo no qual a pontuação (neste caso, a vírgula) configura como mecanismo constitutivo.

A isso equivale dizer que a pontuação apresenta ligação imediata com as estratégias de planejamento discursivo, não podendo ser compreendida como resultado de regras gramaticais meramente normativas. Ao contrário disso, ela desempenha funções bastante significativas no plano discursivo que o uso pode revelar e cujas variações apontam, dentre outras coisas, para a dimensão sociointeracionista em que a linguagem acontece e com a qual estão imbricadas todas as práticas sociais, originando os inúmeros gêneros textuais. Vale, portanto, dizer ainda que os usos da pontuação (e, mais de perto, da vírgula) têm relação imediata com os gêneros textuais.

No caso da vírgula, não parece ser muito difícil perceber que aquele que enuncia 1 e 2 a seguir realiza duas ações distintas e até mesmo antagônicas entre si. Vamos imaginar que a filha chega com o namorado e diz aos pais "*Pai, mãe, temos uma coisa para dizer para vocês*" e obtém por resposta:

(1) "*Não queremos saber*".
(2) "*Não, queremos saber*".

Afinal, no caso de (1), parece claro que o locutor afirma não querer saber de nada. Ao contrário disso, é fácil perceber que, em (2), o locutor discorda do seu interlocutor para, em seguida, afirmar que quer saber de algo. Para nós, é a concepção de linguagem como ação que possibilita a compreensão de que o fato de se colocar ou se omitir uma vírgula acarreta alterações de sentido, como bem se pode verificar. E isso aponta para a função da vírgula, como veremos mais adiante.

No que diz respeito à *enunciação*, Benveniste (1989, p. 81-90) a define como "conversão individual da língua em discurso", ato em que o locutor *"apropria-se* do aparelho formal da língua", colocando-a em funcionamento, passando, desse modo, a realizar ações. Com isso, Benveniste esclarece que a *enunciação* transforma a língua de uma possibilidade de usos em uma "instância do discurso" que parte do locutor e chega ao alocutário (o interlocutor, o outro, o "tu" da interação), do qual requer uma outra enunciação. Assim, embora nascendo no "eu", a enunciação, de forma explícita ou não, instaura o "outro" no discurso, consistindo, assim, em uma alocução. Essa evocação do *outro* representa uma característica da enunciação, na medida em que esse advento estabelece o que Benveniste chama de *"relação discursiva com o parceiro"*, constituindo o *"quadro figurativo da enunciação"*.

Uma das consequências diretas e inevitáveis dessas concepções é que as interações sociodiscursivas se dão por meio de textos e não frases soltas, isoladas de seu contexto enunciativo, do que resulta a posição de que o uso da vírgula não se prende tão somente a impositivos meramente gramaticais, mas está norteado pelas práticas sociais das quais se originam os inúmeros gêneros textuais. Deixamos claro que adotamos por noção de gênero textual aquela apresentada por Marcuschi (2002, p. 22-23), para quem são "*textos materializados* que encontramos em nossa vida diária e que apresentam *características sócio-comunicativas* definidas por conteúdos, propriedades funcionais, estilo e composição característica."

2.1 Língua: relação entre fala e escrita

De imediato, ressaltamos que não comungamos com a perspectiva de que haja uma distinção absoluta entre fala e escrita (pelo menos, para algumas das práticas sociais vigentes, a exemplo dos ambientes virtuais de bate-papos). No entanto, é sabido que determinados aspectos (como a vírgula) fazem parte da dimensão da escrita, enquanto outros (como a pausa) são especificidades da oralidade. É nessa medida que estamos propondo a discussão da relação entre a fala e a escrita, a fim de compreender a vírgula como um recurso próprio do planejamento discursivo desta última, assim como os aspectos melodiosos da voz pertencem à primeira. Disso resulta que não é muito lógico adotar como critério que oriente o uso de um recurso da escrita algo que seja um fundamento da fala.

Partimos do ponto de que a dificuldade concernente ao uso da vírgula tem origem, dentre outras coisas, na pouca clareza, por parte de professores e de alguns teóricos, da relação existente entre a fala e a escrita, como esperamos demonstrar.

Em detalhado estudo, Vilella (1998), consoante leituras feitas por ela dos textos de Emília Ferreiro, aponta duas concepções de escrita que, de alguma forma, indicam a percepção que se tem da relação entre fala e escrita e que, a nosso ver, tem implicação direta para a noção que se faz sobre o uso da vírgula.

A primeira concepção é aquela que toma a escrita como uma transcrição da fala. Para essa corrente, a escrita nada mais é que uma transmigração da fala, o que implica entender que há estreita identidade entre as mensagens escritas e faladas, estando a diferença pautada tão somente no aspecto midiático. Disso resulta que a transformação da fala para a escrita é apenas uma atividade técnica, bastando o domínio do processo de codificação e decodificação linguística.

A outra concepção percebe a escrita como uma forma de representação da fala. Nessa perspectiva, não há necessária nem constante relação entre fala e escrita, o que resulta em não ser esta (a escrita) igual àquela, já que não há identidade entre ambas, mas apenas alguns pontos de similaridade. Ora, não havendo identidade entre essas dimensões, entender a vírgula como uma pausa perde a razão de ser. Afinal, não se sabe qual é a finalidade dessa pausa ou que critérios a fundamentam. Alguns chegam mesmo a dizer que a vírgula é uma pausa para respirar. Considerando que a respiração tem razão direta com a capacidade de fôlego que, por sua vez, possui natureza absolutamente individual, ou seja, a capacidade de fôlego varia de pessoa para pessoa, então cabe perguntar se o uso da vírgula tem caráter absolutamente pessoal, sendo, portanto, arbitrário. Essa hipótese não nos parece muito confiável, uma vez que algumas pessoas têm por hábito, por exemplo, fazer uma pausa entre o sujeito e o predicado de uma proposição, sem inserir nenhuma informação entre eles dois (o sujeito e o predicado), o que não lhes permite aplicar a vírgula nesse caso. Logo, não parece ser razoável adotar a pausa como critério de uso da vírgula, já que se trata de uma regra que não se sustenta.

3. VÍRGULA: MITOS, FUNÇÕES E USOS

A vírgula é um recurso próprio da escrita e tudo aquilo que a aproxima da fala é, para nós, um mito. Eis aquilo que consideramos o maior mito acerca do uso da vírgula: já dissemos (e repetimos) que vírgula não corresponde à pausa. Como bem aponta Marcuschi (2002), ao se proceder a uma análise da conversação, as pausas atuam como elementos suprassegmentais, utilizados na dramatização que acompanha a fala e que contribui de modo muito expressivo na produção de sentidos. É ainda esse autor que apresenta o uso dos dois-pontos (:) para marcar a presença e a extensão das pausas nos textos orais, quando da sua transcrição.

Desistimos de entender a vírgula como uma representação de pausa por uma razão muito simples. Se a vírgula fosse uma pausa para respirar, o seu uso variaria conforme o fôlego do falante que, naquele instante específico, escrevesse o texto. A regra não apresentaria problema, se o próprio produtor lesse o seu texto. Todavia, como fôlego possui natureza essencialmente individual, como pessoas de fôlegos bem distintos conseguiriam ler textos umas das outras? Não haveria necessidade de padronização? Essa não seria uma questão de variação cujas implicações poderiam ter bastante relevância para o sentido dos textos?

A outra razão que nos levou a não apoiar o uso da vírgula na fala foi a dramatização que costumamos fazer, sobretudo durante a leitura na escola, quando "lemos" a vírgula. Criamos uma espécie de subida de voz na última sílaba tônica antes da vírgula, prolongamos essa mesma sílaba e fechamos a palavra, caso ela não seja oxítona, nesse mesmo tom de voz, dando uma entonação reticente. Vejamos.

>(3) Depois de tantas vidas ceifadas, o governo federal, finalmente, revolveu duplicar a BR 381.

Segundo essa dramatização vocal, (3) seria lida assim, na leitura dramatizada da escola:

>(3a) Depois de tantas vidas cei^{faaaa}das, o governo fede^{raaaaal}, final^{meeeeen}te, resolveu duplicar a BR 381.

Entretanto, nem sempre costumamos separar, na fala, o termo "finalmente" do segundo segmento da frase, o que, sem sombra de dúvida, podemos fazer na escrita. Além disso, se essa dramatização pode, em alguma medida, indicar uma separação de segmentos de uma frase, nem sempre que ela ocorrer implicará presença de vírgula. Vejamos mais uma vez.

>(4) Mari^{eeeee}ta cortou todo o queijo que estava na mesa.

Alguém que diga essa frase com tal dramatização não pode querer colocar uma vírgula entre "Marieta" e "cortou", mas destacar que foi Marieta quem cortou (e não ela, o locutor, por exemplo) todo o queijo. Assim, coisas dessa ordem nos convenceram de que a vírgula faz parte do universo da escrita e usar critério da fala para empregar algo que é, exclusivamente, da escrita não é, a nosso ver, nada produtivo.

Ora, se a vírgula não representa pausa, para que ela serve?

Antes de tentarmos formular qualquer tipo de resposta, consideremos alguns aspectos cognitivos, sintáticos e semânticos que envolvem nossos usos da língua.

Desde já ressaltando a indissociabilidade entre a dimensão linguística e a pragmática, lembramos que processamos os enunciados a partir do que chamamos de blocos de interrelações (que correspondem ao que a sintaxe chama de sintagmas). É em virtude do jogo dessas interrelações que é possível entender a placa de trânsito.

(5) – *Fiscalização eletrônica de velocidade.*

como uma construção possível na língua portuguesa, enquanto

(5a) – *Fiscalização de velocidade eletrônica.*

Usada no mesmo ambiente, não teria muito (e, talvez, nenhum) sentido aceitável. Isso acontece porque usamos os tais blocos no estabelecimento do sentido, mais ou menos como:

Fiscalização ← de velocidade
               ← eletrônica

Ou seja, tanto "*de velocidade*" quanto "*eletrônica*" referem-se ao termo "*fiscalização*". Assim, "fiscalização" é o núcleo do bloco e os demais termos constituem especificações desse núcleo.

O que acontece em 5a, entretanto, é diverso de 5. Se não, vejamos:

Fiscalização ← de velocidade ← eletrônica
↑   ↑
bloco 1   bloco 2

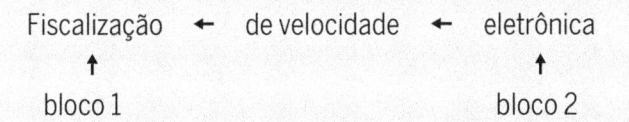

Nesse caso, a "fiscalização" continua recaindo sobre a "velocidade", ao passo que "eletrônica" agora é a "velocidade" e não mais a "fiscalização", fazendo com que haja o bloco 1 (constituído por "fiscalização de velocidade") e o bloco 2 ("velocidade eletrônica").

Não há nada de tão novo nesse raciocínio, já que ele apresenta, em linhas gerais, o que a sintaxe já trabalhou exaustivamente com as conhecidas árvores sintagmáticas. O avanço que esse esquema representa tem repercussões para o ensino de língua e, como veremos, para o uso da vírgula. Em vez de se operar com a classificação dos elementos sintáticos do enunciado, o ensino passa a dar mais atenção a essas inter-relações (lógico-semânticas, como apontam alguns autores, dentre eles Ingedore Koch), aproximando o ensino dos paradigmas da coesão linguística. Essa alteração de paradigma acarreta também a uma mudança de tipo de ensino, que sai do tipo prescritivo, fundamentado em atividades de classificação de elementos frasais, para encontrar no tipo produtivo o viés do uso e da produção de efeitos de sentido decorrentes desses usos.

Acontece que a construção de blocos não é determinada tão somente pelas possibilidades da gramática da língua, mas resulta da imbricação das orientações dessa gramática com as condicionantes próprias das condições pragmáticas que envolvem o evento comunicativo.

Considerando que essa noção de bloco seja pertinente, passa-se, então, a considerar que os elementos de um mesmo bloco relacionam-se de modo direto, um ao lado do outro. Entretanto, pode acontecer que os elementos de um mesmo bloco venham separados por um outro bloco que os intercala, como em:

(6) – *O conselho dos rebeldes sempre pensando em liberdade decide por novos movimentos na capital da Líbia.*

Um agrupamento possível pode ser apresentado da seguinte forma:

(6a)- O conselho de rebeldes → decide ←por novos movimentos na capital da Líbia.
↑
bloco 1

sempre pensando em liberdade → rebeldes
↑
bloco 2

Assim, percebe-se que o bloco 2 é inserido entre "rebeldes" e "decide", introduzindo um comentário acerca do primeiro termo, o que serve também como justificativa (argumento) para o ato de "decidir".

A fim de delimitar esses blocos, apontando para a construção que se espera alcançar, usa-se a vírgula, cercando o bloco 2, já que ele interfere na estrutura do bloco 1.

Pelo fato de o bloco 1 manter maior independência semântica do bloco 2, a ele chamamos de **FATO PRINCIPAL** (FP), ao passo que ao bloco 2, por ser semanticamente dependente, bem como interferir na construção sintática do bloco 1, chamamos de **ELEMENTO INTERFERENCIAL** (EI).

A opção por adotar tal nomenclatura não só diminui o número de regras de uso, como, sobretudo, acaba com a necessidade de se fazer, primeiramente, um detalhamento classificatório dos termos da oração para, depois, analisar a possibilidade de emprego da vírgula, como também aproxima a pontuação da teia coesiva do texto e, por conseguinte, da coerência textual.

Dito de outra forma, como o texto deve ser organizado de modo a orientar a construção/desconstrução/reconstrução, a vírgula serve para apontar ao leitor os blocos de sentido (e suas referências) que são efetivados dentro de um mesmo construto frasal. Daí, a partir dessa dimensão dialógica de uso da vírgula, pode-se sintetizar (apesar de todos os riscos que uma simplificação representa) que a vírgula serve para separar os blocos de sentido, apontando para os movimentos de construção/reconstrução de sentido que são efetivados na/pela materialidade linguística. Em síntese, a função precípua da vírgula é separar:

- o fato principal de elementos interferenciais;
- elementos colocados em enumeração (elementos de um mesmo bloco ou blocos de um bloco maior – orações em períodos compostos).

Acreditamos que a vírgula possui um valor aditivo em alguns casos (enumerações e períodos compostos) e apositivo em outros (modalizadores, por exemplo), o que lhe confere um caráter de recurso argumentativo para a inscrição de um determinado ponto de vista do locutor. Entretanto, adotamos estes últimos como critérios de análise dos efeitos de sentidos dos usos da vírgula, já que são recuperáveis, como efeitos que são, quando da análise, na leitura do texto, ainda que esse seja um movimento que pode (e deve) ser feito pelo produtor do texto.

3.1 As hipóteses dos estudantes para o uso da vírgula

Considerando que as perguntas 1 e 2 que fizemos antes acabam de ser respondidas (ainda que sucintamente), passemos à 4, que nos ajudará a pensar em uma resposta para a 3, tal como nos propusemos.

Em estudo sobre os recursos de pontuação, mais especificamente o uso do ponto (.), entendendo esses recursos como elementos de natureza textual e sociodiscursiva, Oliveira e Assumpção (2003, p. 83, grifo nosso) apontaram como hipótese geral que **"A gênese da utilização dos sinais de pontuação está correlacionada ao fatiamento discursivo do texto."** A fim de melhor entendê-la, os autores dividiram-na em duas hipóteses específicas, quais sejam:

> **HE1:** No fatiamento discursivo do texto, sinaliza-se, primeiramente, a informação mais importante e depois as menos importantes.
> **HE2:** O controle interfigural dos sinais de pontuação se esgotará, paulatinamente, através da observação adicional de fatores pontuais (como os fatores sintáticos e fonológicos).

Segundo esses autores, a hipótese 1 aponta que os alunos sinalizam primeiramente o trecho que eles consideram o "mais importante" (ou **fato principal**, como nomeamos acima) do texto, sendo, portanto, o epicentro do tema em desenvolvimento. Feito esse movimento, passa-se a pontuar os secundários (ou **elementos interferenciais**, como preferimos chamá-los). Trata-se de uma hipótese que ocorre no início do processo de aprendizado da escrita e tem relação direta com o uso do ponto (.). A segunda hipótese, ao contrário, surge com o aprofundamento desse aprendizado e requer maior compreensão do que seja a estrutura interna do texto. É, por isso mesmo, que é tal hipótese que diz respeito ao uso da vírgula, já que este é um recurso que atua no fatiamento interno de estruturas, como vimos acima. Logo, é essa a hipótese que nos interessa mais de perto. Os próprios autores escrevem que:

> Aqui entrariam em consideração fatores como: a estrutura interna de um sintagma nominal (trata-se de uma lista, por exemplo), o peso de uma unidade informacional, em termos de sua composição interna (isto é, se a informação é veiculada por um sintagma constituído por muitos ou por poucos elementos), o tipo de ajuste entre orações (como coordenação *vs* subordinação, orações deslocadas ou em ordem direta etc.). (OLIVEIRA; ASSUMPÇÃO, 2003, p. 4)

Com base no que temos observado, é possível dizer que os alunos dividem a **HE2** em algumas outras hipóteses de emprego da vírgula, que chamaremos de **regras**.

Regra 1: função de enumeração – nessa fase, os alunos já entenderam que a vírgula é usada em enumerações. Com isso, eles produzem parágrafos em cujos interiores há somente vírgula, como se estivessem enumerando orações. O ponto (.) serve, nesse caso, somente para o fecho do parágrafo (da enumeração).

Para tentar superar essa fase, buscando extinguir os parágrafos centopeicos, alguns professores e, sobretudo, os manuais de redação costumam orientar os alunos a não produzirem períodos muito longos, o que os leva a outra regra.

Regra 2: função quantitativa – para os alunos, um trecho de texto deve apresentar um certo número de vírgulas que, por sinal, não devem ficar muito próximas umas das outras. Ou, ainda, que um número razoável de palavras deve ser separado por vírgula. Por isso, trechos como (7) abaixo nunca são bem aceitos pelos alunos que os avaliam como "feios" por terem muitas vírgulas.

> (7) – "A Escola Estadual Joaquim José da Silva Xavier, convida nossa comunidade para participar da premiação IV CONCURSO DE REDAÇÃO, promovida por essa escola no dia 22 de outubro."

Trata-se de uma mensagem produzida por um aluno, a ser colocada em uma faixa de homenagem a uma pessoa do seu município. Nesse caso, o sujeito é composto por um extenso sintagma nominal, o que ensejou o emprego da vírgula devido ao critério da quantidade. Com o objetivo de checar o emprego da vírgula, perguntamos ao aluno por que ele havia colocado a vírgula em tal posição e ele respondeu que o trecho "estava muito grande". Ao ser perguntado o que significava "muito grande", ele disse que o trecho "tem muitas palavras, sem separação, se não puser a vírgula".

Regra 3: hipercorreção – com a intervenção do professor nas hipóteses anteriores, os alunos tendem a substituir a vírgula pelo ponto (.) e, normalmente, fazem isso toda vez em que constroem uma estrutura aparentemente completa, tal como as orações subordinadas adverbiais antepostas à oração principal como em

> (8) – "Enquanto o gestor interessado pela empresa deve atuar em várias frentes no sentido de valorizar as habilidades dos seus colaboradores. Por outro lado os funcionários buscam atuar de modo mais produtivo e adaptativo possível."

Nesse caso, é possível perceber que o produtor descarta o conectivo "enquanto", sem levar em conta a relação entre as proposições, e passa a considerar apenas "o gestor interessado pela empresa deve atuar em várias frentes no sentido de valorizar as habilidades dos seus colaboradores", por ser uma estrutura aparentemente completa, o que lhe possibilita o uso do ponto e do novo conectivo "Por outro lado".

Outra forma de hipercorreção é o uso da vírgula entre elementos do fato principal, como sujeito e predicado. Essa hipótese alia a necessidade de controle de correção com os resquícios do hábito de apoiar o uso na oralidade da pausa.

Feitas essas considerações e conhecidos os caminhos (pelo menos, alguns) por que passa o jogo inferencial dos estudantes ao usarem a vírgula, é hora de pensar as estratégias de ensino desse sinal de pontuação.

4. ALGUMAS ESTRATÉGIAS DE ENSINO DO USO DA VÍRGULA

Gastamos muitos anos incutindo um mito em lugar de ensinar o uso. É hora de, primeiro, substituir o mito da pausa pela função da vírgula, já que o ensino deve primar pela reflexão, de forma produtiva, a fim de consolidar as competências linguística e comunicativa do estudante. Nessa medida, o professor deve oferecer textos em que o uso da vírgula esteja de acordo com o português padrão e fazer com a turma uma análise das condições que regem esses usos. É recomendável que os alunos façam leitura em voz alta, verificando que não há a correlação entre pausa na voz e a vírgula no texto.

Consideramos que também devemos oferecer textos em que a vírgula não seja usada. Essa situação leva à compreensão de que o uso da vírgula passa, assim como qualquer outro fato linguístico, pelo critério da interação, ou seja, de que os usos, as escolhas que fazemos (ou somos obrigados a deixar de fazer) resultam do jogo interativo que rege a situação comunicativa que é efetivada por meio do texto.

Também é interessante analisarmos com nossos estudantes textos em que a vírgula apareça fora das possibilidades de uso. A leitura nos mostrará a funcionalidade (pela negativa) da vírgula para a clareza textual e eficácia da interação. Nesse caso, tanto cabem os textos com vírgulas colocadas indevidamente como as vírgulas ausentes.

Feitas essas observações, o professor deve propiciar condições para que o estudante desenvolva sua capacidade de usuário competente da língua escrita, para que reconheça o FP e EI em cada uma das estruturas linguísticas que compõem o texto em estudo. Nessa medida, o professor deve auxiliar o estudante a perceber o que é FP e EI, auxiliando-o a perceber que a vírgula deve vir separando os blocos de FP dos blocos de EIs. Em seguida, é interessante proceder à análise dos efeitos de sentidos oriundos dos usos da vírgula e suas implicações para o processo sociointerativo em que se insere. Dessa forma, os estudantes têm a oportunidade de refletir não só sobre a dimensão linguística do uso da vírgula, como também da relação entre esse uso e interações sociodiscursivas que se efetiva por meio dos gêneros. Enfim, refletir acerca da relação entre o uso da vírgula, do gênero textual e da situação discursiva.

5. CONSIDERAÇÕES FINAIS

A primeira consideração que queremos apontar é a dificuldade de discussão teórica sobre o tema, pois a escassez de publicações mais consistentes sobre a vírgula, mais especificamente, dificulta a fundamentação mais aprofundada. Daí nossa opção por partirmos do que temos sobre pontuação em geral, para, a partir desse material, compreendermos as hipóteses que os estudantes constroem quando pontuam usando a vírgula, baseando-nos em dados empíricos que possuímos.

Portanto, fica claro que essas colocações são fruto daquilo que tivemos oportunidade de observar, mas que, evidentemente, não esgotam o tema. Antes, podem (e devem) receber contribuições de outras experiências e de outros olhares. Apontamos algumas estratégias que utilizamos em nossa prática, com o objetivo de auxiliar outros educadores tanto quanto sermos também auxiliados com novas contribuições.

Referências

BENVENISTE, É. Aparelho formal da enunciação. *Problemas de linguística geral II.* São Paulo: Pontes, 1989.

BEAUGRANDE, R. de. *New foundations for a science of text and discourse*: cognition, communication and freedom of access to knowledge and society. Norwood: Ablex Publishing Corporation, 1997.

BRONCKART, J. P. *Atividade de linguagem, texto e discursos*: por um interacionismo sócio-discursivo. São Paulo: EDUC, 1999.

MARCUSCHI, L. A. Gêneros textuais: definição e funcionalidade. In: DIONÍSIO, Â. P.; MACHADO, A. R.; BEZERRA, M. A. (Org.) *Gêneros textuais & ensino.* Rio de Janeiro: Lucerna, 2002, p. 19-36.

OLIVEIRA, M. A. *Conhecimento linguístico e aprendizado do sistema de escrita.* Belo Horizonte: CEALE/UFMG, 2005.

OLIVEIRA, M. A.; ASSUMPÇÃO, S. R. B. Para além da frase: os recursos de pontuação como elementos de natureza textual e sociodiscursiva. *Revista Letras*, n. 61, especial, p. 79-96, 2003.

TRAVAGLIA, L. C. *Gramática e interação:* uma proposta para o ensino de gramática no 1º e 2º graus. 4. ed. São Paulo: Cortez, 1998.

VILELLA, A. M. N. *Pontuação e interação.* 1998. Dissertação (Mestrado) – Programa de Pós-Graduação em Letras, Pontifícia Universidade Católica de Minas Gerais, Belo Horizonte,1998.

SCHNEUWLY, B. *Le langage écrit chez l'enfant.* Neuchâtel: Delachaux & Niestlé,1988.

resumo

Neste capítulo, tivemos a oportunidade de fortalecer alguns aspectos gramaticais importantes para o uso da norma culta. Esses aspectos são relacionados à concordância verbal e nominal, que dizem respeito à busca de harmonia entre nomes, verbos e os termos associados; à regência verbal e nominal, os quais se referem ao modo transitivo ou não pelo qual as palavras se relacionam, se exigem ou não preposição e qual preposição seria adequada.

Pensamos, também, em três outros aspectos geradores de muitas falhas no uso do português padrão, que são a pontuação, o uso da crase e do porquê. E, para concluir esse assunto, apresentamos uma compilação dos cem erros mais comuns da língua portuguesa, que merecem a sua integral atenção.

Como aprofundamento científico no tema, inserimos um artigo científico de excelência, resultado da pesquisa de doutorado da autora, que nos ensina a usar a vírgula, associando-a à função que esta exerce no interior da frase.

Espero que este estudo tenha serviço para você ampliar a sua competência comunicativa!

atividades

1 ▶ De cada dupla de orações, marque a opção CORRETA:

- [a] ( ) Deu meio-dia e meio.
- [b] ( ) Deu meio-dia e meia.
- [c] ( ) Segue anexo a fatura.
- [d] ( ) Segue anexa a fatura.
- [e] ( ) Ela chegou meio tonta.
- [f] ( ) Ela chegou meia tonta.
- [g] ( ) Temos bastante recursos.
- [h] ( ) Temos bastantes recursos.
- [i] ( ) Ela mostrou dois vestidos cinza.
- [j] ( ) Ela mostrou dois vestidos cinzas.

2 ▶ Assinale com C as frases cuja concordância estiver CORRETA:

- [a] ( ) Cobre-se botões.
- [b] ( ) Cobrem-se botões.
- [c] ( ) Precisam-se de empregados.

d ( ) Precisa-se de empregados.
e ( ) Aqui se obedecem aos preceitos divinos.
f ( ) Aqui se obedece aos preceitos divinos.
g ( ) Nem tudo eram espinhos.
h ( ) Nem tudo era espinhos.
i ( ) Daqui até lá são cinco léguas.
j ( ) Daqui até lá é cinco léguas.
k ( ) Fazem cinco meses que não vou lá.
l ( ) Faz cinco meses que eu não vou lá.
m ( ) As festas que haviam ali eram muito animadas.
n ( ) As festas que havia ali eram muito animadas.

3 ▶ Mostre onde há ERRO de concordância nominal:
a ( ) É permitida a permanência de alunos.
b ( ) A lista de ofertas vai anexa ao pacote.
c ( ) Os gêneros alimentícios estão caros no Brasil.
d ( ) A porta está meia aberta.

4 ▶ Assinale o período em que o verbo aspirar apresenta ERRO de regência:
a ( ) Marta aspirou fundo o perfume das flores.
b ( ) Se aspiras ao poder, prepara-te para enfrentar grandes desafios.
c ( ) Dinheiro e fama são coisas que não aspiro.
d ( ) Bom seria inventar aparelhos que aspirassem o lixo e a poeira das ruas.

5 ▶ Marque a opção em que todas as frases da coluna usem corretamente o porquê:

A ( )	B ( )	C ( )	D ( )
Não sei por quê me caluniam.	Não sei por que me caluniam.	Não sei porquê me caluniam.	Não sei porque me caluniam.
Porquê choras?	Por que choras?	Porque choras?	Por quê choras?
Vim porquê quis.	Vim porque quis.	Vim por quê quis.	Vim por que quis.
Reclamas tanto! Porque?	Reclamas tanto! Por quê?	Reclamas tanto! Porquê?	Reclamas tanto! Por que?

6 ▶ Assinale a alternativa que completa corretamente as lacunas das seguintes frases:

Ninguém é obrigado _____ fazer o que não quer.
Ele disse _____ ela que estava feliz.
Ele mentiu para não causar sofrimento _____ outras pessoas.

- a ( ) a, a, a
- b ( ) à, a, a
- c ( ) à, à, à
- d ( ) a, à, à

7 ▶ Ocorre crase FACULTATIVA em:

- a ( ) Temos muitas coisas a fazer.
- b ( ) Eles estavam cara a cara.
- c ( ) Nunca obedeceremos a ela.
- d ( ) Amanhã iremos a minha cidade.

8 ▶ Assinale a alternativa em que há erro de regência verbal.

- a ( ) Os padres das capelas que mais dependiam do dinheiro desfizeram-se em elogios à garota.
- b ( ) As admoestações que insisti em fazer ao rábula acabaram por não produzir efeito algum.
- c ( ) Nem sempre o migrante, em cujas faces se refletia angústia que lhe ia na alma, tinha como resolver a situação.
- d ( ) Era uma noite calma em que as pessoas gostavam, nem fria nem quente demais.

9 ▶ "A partir daquele dia ( ) o filho assumia várias responsabilidades familiares ( ) a de levar o irmão à escola ( ) a de buscar a mãe na loja ( ) a de fazer todas as compras do dia e a de acompanhar o irmão no dever de casa."

Os espaços foram preenchidos, na sequência, com:

- a ( ) ponto e vírgula – vírgula – vírgula – vírgula
- b ( ) vírgula – dois pontos – vírgula – vírgula
- c ( ) ponto e vírgula – ponto e vírgula – ponto e vírgula – ponto e vírgula
- d ( ) dois pontos – ponto e vírgula – vírgula – vírgula

10 ▶ O texto que abre a seção sobre pontuação, neste capítulo, assim se encerra:

"– Senhor Governador vírgula tenho a grande honra vírgula de saudar vírgula Vossa Excelência nesta hora vírgula em que vírgula a cidade de Santo Antônio do Freixedo vírgula hospeda vírgula honrosamente vírgula o ilustre governador Pires de Melo ponto.

Em assunto de vírgula, o Partido Republicano venceu seus adversários. Por oitenta vírgulas a mais."

Considerando os preceitos defendidos no artigo científico "Reflexões sobre pontuação: uma proposta para o uso da vírgula", de Aidalice Ramalho Murta, podemos discordar do autor em sua conclusão, por quê:

- ⓐ ( ) a pontuação não segue o critério de blocos de informação.
- ⓑ ( ) a pontuação segue o critério de blocos de informação.
- ⓒ ( ) as vírgulas foram usadas para enumerar elementos no interior de uma oração.
- ⓓ ( ) entre uma pontuação e outra há uma pausa que, obrigatoriamente, deve ser marcada pela vírgula.

GABARITO

1 – B D E H I; 2 – B D F G H I L N; 3 – D; 4 – C; 5 – B; 6 – A; 7 – D; 8 – D; 9 – B; 10 – A.

>4

Língua: uma atividade em construção

neste capítulo você estudará:

>> O que é **COESÃO** e **COERÊNCIA** textual e seus mecanismos e operadores.

>> Como utilizar a **ARGUMENTAÇÃO** e os diversos tipos de discursos.

>> Os **RECURSOS ESTILÍSTICOS**, como figuras e vícios de linguagem.

>> Quais foram as transformações sofridas pela língua portuguesa após o **ACORDO ORTOGRÁFICO** entre os países falantes da língua.

Neste último capítulo, serão apresentados temas relacionados ao aperfeiçoamento da produção textual, no que diz respeito à articulação das ideias e à evolução do texto. Falaremos, também, sobre o poder da argumentação, dando ênfase aos tipos de argumentos, segmentando-os em argumentos comprobatórios e argumentos falaciosos. No terceiro tópico, tematizaremos recursos estilísticos e descreveremos algumas figuras de linguagem que contribuem para melhorar o estilo de um texto e, por fim, você terá acesso, para suas consultas posteriores, a um resumo sobre o novo acordo ortográfico.

COESÃO E COERÊNCIA TEXTUAIS

Coesão é a ligação entre palavras, frases ou enunciados, a partir de **mecanismos lógicos** como conjunções, tempos verbais, artigos, formas de pontuação etc. É a tessitura textual. A coesão é apresentada como o princípio que concerne aos modos, como as palavras se conectam mutuamente.

Coerência é a lógica do texto, resultando de processos cognitivos entre os leitores/ouvintes do texto, construída pelas operações de inferência que o leitor é capaz de fazer, tendo em vista a materialidade fornecida pelo autor.

A coesão se realiza de duas formas:

- **Coesão referencial** – relaciona-se a uma rede de palavras que remetem umas às outras. Essa teia possibilita a compreensão dos referenciais do texto e evita repetições.

Exemplo:

> O menino saiu correndo. Ele usava uma bermuda azul.

- **Coesão sequencial** – relaciona-se aos elementos de ligação (coesão) das partes do texto, possibilitando a evolução do texto com a inserção de informações novas.

Exemplo:

> O menino saiu correndo quando viu a mãe.

importante ▶▶

Um texto não tem sentido em si mesmo, mas faz sentido pela interação entre os conhecimentos que apresenta e o conhecimento de mundo de seus usuários.

MECANISMOS DE COESÃO REFERENCIAL

Ocorre a coesão referencial quando um componente do texto (uma palavra) faz remissão a outro(s) elemento(s) do universo textual (KOCH, 2001). Esses elementos podem aparecer antes ou depois do elemento remissivo e são caracterizados por cinco tipos: coesão por referenciação, por substituição, lexical, por elipse e por conjunção.

▶ **Coesão por referenciação**: realiza-se pela referência a elementos do próprio texto por meio de pronomes pessoais, possessivos, demonstrativos ou advérbios e expressões adverbiais.

Exemplo:

> **Ana** é uma excelente funcionária.
> **Ela** sempre cumpre as metas propostas.

▶ **Coesão por substituição**: utiliza conectivos ou expressões para sintetizar e retomar substantivos, verbos, expressões e partes de textos já referidos.

Exemplo:

> Carlos trouxe **dois computadores** da Europa.
> Perguntou-me se eu queria comprar **um**.

▶ **Coesão lexical**: retoma as ideias e partes delas, utilizando-se de palavras já ditas, mas substituindo por sinônimas.

Exemplo:

> Pedro desenhou **quadrados, retângulos e losangos.**
> Os **quadriláteros** estavam corretos.
>
> A princesa de Mônaco esteve, ontem, no **Rio**.
> **Na Cidade Maravilhosa**, visitou as crianças.

▶ **Por elipse ou apagamento (conjunção)**: quando se omite um termo, evitando-se assim sua repetição.

Exemplo:

> **A princesa de Mônaco** esteve, ontem, no Rio. Lá, (?) visitou as crianças.

MECANISMOS DE COESÃO SEQUENCIAL

É a "amarração" das partes do texto por meio dos operadores lógico-semânticos e argumentativos. Esses elementos coesivos estabelecem diversos tipos de relações entre os segmentos do texto, tendo, também, a função de auxiliar na progressão das ideias.

Exemplo:

> Se a política é a ciência relacionada com o Estado, quando um repórter escreve sobre um assassinato ocorrido no país, está fazendo jornalismo político.

OPERADORES LÓGICO-SEMÂNTICO-ARGUMENTATIVOS

São elementos linguísticos (lógicos) que estabelecem relações de sentido (semânticas) dentro de um contexto, servindo-lhe de posicionamento argumentativo.

Exemplo:

> O contador agiu conforme lhe solicitaram.

A operação lógica consiste em relacionar duas asserções sobre o mundo, formando, em geral, um período composto. As duas asserções se encontram em relação de interdependência conceitual. Há, pois, relações de sentido entre os seres, propriedades e ações evocadas pelas asserções. Existem várias formas de construção de uma relação lógica:

▶ Por meio das palavras gramaticais chamadas de **conjunção** pela tradição gramatical.

Exemplos:

> O consumo excessivo de álcool é perigoso,
> **porque** torna o homem deficiente.
>
> A globalização comporta efeitos negativos,
> **pois** provoca o aumento do desemprego.

► Por meio das palavras lexicais que denotam uma relação lógica implícita.

Exemplos:

> O consumo excessivo do álcool **torna** o homem deficiente (causal).
>
> A globalização **provoca** o desemprego (causal).
>
> A globalização **faz** juros caírem (causal).

► Com certas construções frásticas que estabelecem uma relação hierárquica entre as asserções.

Exemplos:

> Com Maná adubando dá. (Causa-consequência)
>
> É dando que se recebe. (Condição: Se algo for dado, algo será concedido)
>
> Buscando soluções para o problema, Richard descobriu um vírus no computador. (Consequência)

► Com uma simples pontuação.

Exemplo:

> Trabalhe! Você chegará lá. (Causa-consequência)
>
> Varig: o jeito certo de voar. (Condição: Se você voar com a Varig, você estará voando corretamente)

Vejamos, agora, de forma mais detalhada, como as conjunções, coordenadas ou subordinadas, possibilitam a construção de períodos argumentativos.

Conjunções coordenadas e atos argumentativos: os períodos construídos por coordenação podem utilizar-se de conjunções. Nesse caso, as orações são chamadas de orações coordenadas sindéticas e sua classificação será feita de acordo com o tipo de conjunção coordenativa que as introduz. As conjunções coordenadas podem assumir funções aditivas, adversativas, explicativas, conclusivas e alternativas.

▶ **Conjunções com função aditiva**: expressam ideia de adição, de soma ou de sequência de ações. As principais conjunções aditivas são: e, nem (e não), não só... mas também, não só... como também.

Exemplos:

> Ele refletiu um pouco **e** concluiu que aquela era um sábia observação do professor.
>
> Não só ele deveria aceitar a derrota, **mas também** propor uma solução honrosa para a crise.

▶ **Conjunções com função adversativa**: são aquelas que denotam uma ideia ou atitude de oposição, contraste, refutação. As principais conjunções adversativas são: mas, porém, contudo, todavia, no entanto, entretanto.

Exemplos:

> No Brasil, não respeita-se tanto os direitos do cidadão, **mas**, em outros países, o respeito ao cidadão é um dever de todos.
>
> Vivemos em um país democrático, **entretanto** a tortura ainda existe em solo brasileiro.

▶ **Conjunções com função explicativa**: exprimem um motivo, uma razão, uma explicação e as principais conjunções são: que, porque, pois (antes do verbo).

Exemplos:

> Tais medidas deveriam ser evitadas, **pois** elas podem ser fatais à economia.
> Não tomem medidas como estas, **porque** elas são extremamente impopulares.

▶ **Conjunções com função conclusiva**: expressam uma conclusão. As principais conjunções conclusivas são: portanto, logo, por conseguinte, pois (após o verbo), por isso.

Exemplos:

> O país encontra-se em crise, portanto devemos tomar precauções.
> Vivemos sob a ameaça de uma crise maior.
> Não podemos, pois, evitar as medidas de precaução.

- **Conjunções com função alternativa**: exprimem ideia de escolha, de alternância. As principais conjunções são: ou, ou...ou..., ora...ora..., quer... quer.

Exemplos:

> Ou votamos na oposição ou o país continuará como está.
> Quer você vote quer não, alguém será eleito.
> Ora governava democraticamente, ora tomava medidas autoritárias.

- **Período composto por subordinação e atos argumentativos**: o período formado por subordinação é formado por uma ou mais orações subordinadas que se articulam em torno de uma oração principal.

Exemplo:

> Os ataques terroristas de 11 de setembro em Nova Iorque suscitaram uma reflexão que colocou em xeque os fundamentos da democracia nos Estados Unidos.

Observa-se que a oração iniciada pelo conectivo que (colocou em xeque os fundamentos da democracia nos Estados Unidos) encontra-se subordinada, ou seja, dependente da oração principal (Os ataques terroristas de 11 de setembro em Nova Iorque suscitaram reflexão).

A noção de período composto por subordinação está, pois, relacionada à noção de dependência. Tendo em vista os objetivos deste tópico, de relacionarmos as conjunções e suas funções argumentativas, limitaremo-nos a dois tipos de conjunções subordinativas: as adjetivas e as adverbiais.

- **Orações subordinadas adjetivas**: são introduzidas por um pronome relativo e é equivalente a um adjunto adnominal. Ela é chamada de oração subordinada adjetiva porque funciona como um adjetivo de um substantivo ou pronome que se encontra na oração principal.

Exemplo:

> Há homens que não merecem ser esquecidos.

Nota-se que a oração subordinada "que não merecem ser esquecidos" funciona como adjetivo de "Homens". Ela poderia, em um período simples, ser substituída pelo adjetivo "inesquecíveis": "Há homens inesquecíveis".

Os conectivos usados pela introdução da oração subordinada adjetiva são, em geral, os pronomes relativos: que, o qual, a qual, os quais, as quais, quem, onde, cujo(s), cuja(s), quanto etc.

Exemplo:

> Tem certas coisas que a gente não deve esquecer.

As orações subordinadas adjetivas classificam-se em **restritivas e explicativas**.

As **orações subordinadas adjetivas restritivas** são aquelas que, funcionando como um adjetivo, restringem a significação de um substantivo ou pronome da oração principal, particularizando-a. Nota-se que, para fins argumentativos, esse tipo de oração é importante quando se quer defender a particularidade de um objeto, um grupo, uma ideia, uma posição etc.

Exemplo:

> O cidadão **que reclama seus direitos** é útil à nação.

Ao dizer isso, argumenta-se no sentido de que apenas esse tipo de cidadão (aquele que reclama seus direitos) é útil à nação. Entende-se, implicitamente, que os cidadãos que são passivos não seriam úteis à nação.

Exemplos:

> As medidas econômicas **que liberam a economia**
> são úteis à modernização do país.
>
> As medidas econômicas **que liberam a economia**
> sufocam o trabalhador.

Nota-se, novamente, que as restritivas são fundamentalmente argumentativas, no sentido de defenderem a qualidade que um objeto tem (no caso, as medidas econômicas liberais) de produzirem certos efeitos (modernizar o país, sufocar o trabalhador). Ambas contêm ainda o poder de gerar inferências: as medidas que não liberam a economia não sufocam o trabalhador/as medidas que não liberam a economia não são úteis à modernização do país.

As **orações subordinadas adjetivas explicativas** são aquelas que, funcionando como adjetivo, não limitam a significação de um substantivo ou pronome da oração principal, mas apenas acrescentam-lhe uma informação que pode ser omitida sem prejuízo para a compreensão do período. Esse tipo de oração adjetiva sempre se apresenta separada da oração principal por vírgulas.

Exemplo:

> O presidente, **que é liberal**, toma medidas que sufocam o trabalhador.

A oração adjetiva explicativa em negrito apenas fornece uma informação adicional (uma explicação que caracteriza o presidente) ao substantivo da oração principal. Do mesmo modo, na oração abaixo:

Exemplo:

> As medidas econômicas adotadas, **que possuem feição neoliberal**, sufocarão o trabalhador.

A oração adjetiva explicativa fornece informação adicional que visa caracterizar as medidas econômicas adotadas.

As **orações subordinadas adverbiais** funcionam como adjunto adverbial de uma outra oração e vêm, normalmente, introduzidas por conjunção subordinativa. Elas têm função semântico-argumentativa de:

▶ Causa:

> **Como não tinha dinheiro no bolso**, não pôde realizar o desejo.
> A miséria sempre há de existir, **porque a ganância sempre impedirá a distribuição de renda**.

▶ Comparação:

> Ele era mais demagogo **que idealista**.
> Falava mais que agia, **como um político demagogo**.
> Seu discurso era pura retórica, **tal qual um sofista grego**.
> A língua é a nacionalidade do pensamento, **como a pátria é a nacionalidade do povo**.
> O povo conhece mais seus interesses **do que o tirano**.

▶ Concessão:

> Não pude resistir, **embora temesse a tentação**.
>
> **Ainda que a nação não esteja educada o suficiente**, o povo brasileiro saberá decidir.
>
> Todos os corruptos serão vencidos, **por mais ricos que sejam**.
>
> **Grande homem que fosse**, jamais ganharia as eleições presidenciais.

▶ Condição:

> **Se você vier me perguntar por onde andei**, eu te responderei com franqueza.

▶ Conformidade:

> **Segundo observei**, não havia alunos na sala de aula.
>
> **Segundo Taylor** (1968), o controle do trabalho é feito pelo modelo gerencial.

▶ Consequência

> O calor é tão intenso, **que as pessoas não estão suportando permanecer na sala**.

▶ Finalidade:

> Estudo **para realizar meus projetos de vida**.
>
> A Nação espera que o Executivo e o Legislativo tenham a competência necessária **para que viabilizem o desenvolvimento do país**.

▶ Tempo:

> **Assim que o menino chegou**, seus pais saíram.
>
> **Quando ouviram o estrondo**, saíram todos correndo.

- Proporção:

> **À medida que as árvores envelhecem**, vão ficando mais fortes.
>
> A sabedoria humana pode aumentar **na proporção dos anos vividos**.

O texto é, portanto, produzido pela organização de palavras que se unem, adequadamente, umas às outras. Assim, os termos vão formando uma oração, e as orações vão constituir períodos. Essa união ou ligação entre os elementos de um texto deve apresentar um sentido lógico, coerente; para isso, é necessário observar as relações semânticas existentes entre eles. Na verdade, há uma relação de dependência entre os termos e as orações que se estabelece pela coordenação ou subordinação das ideias.

para refletir !!!

Um texto torna-se bem construído e coeso quando usamos os elementos gramaticais ou coesivos (conjunções, pronomes, preposições e advérbios), no interior das frases, de forma adequada. Se esses elementos de ligação forem malempregados, o texto não apresentará noção de conjunto, ou ainda, sua linguagem se tornará ambígua e incoerente. Portanto, a coesão, normalmente, refere-se à forma ou à superfície de um texto e, muitas vezes, é mantida por meio de procedimentos gramaticais, isto é, pela escolha do conectivo adequado na conexão dos diversos enunciados que compõem um texto.

O PODER DA ARGUMENTAÇÃO

Podemos partir do princípio de que a persuasão e o discurso são elementos que diferem apenas teoricamente, pois na prática funcionam como um todo indivisível. A persuasão (*per* + *suadere* = aconselhar) possui raízes clássicas, uma vez que o estudo e o aprimoramento do discurso têm origem na Grécia Antiga, que cultivava a democracia. As decisões não eram impostas, já que era necessário convencer as pessoas da validade delas, utilizava-se para isso o discurso persuasivo, o que deu origem à **retórica** – modo de constituir as palavras, visando a convencer o receptor acerca de determinada verdade.

Encontramos o discurso persuasivo embutido de forma mascarada no discurso dominante e no discurso autorizado, que são proferidos pelas instituições como o judiciário, a igreja, a escola, as forças militares etc., revelando o mundo de forma maniqueísta, dividindo-o em bem e mal, certo e errado, verdade e mentira. Dessa forma, são sufocados os questionamentos e a livre escolha, já que isso implicaria em um posicionamento. As instituições fazem uso do discurso persuasivo para afirmar seu poder.

O discurso pode ser seccionado em três modos organizacionais:

1. **Discurso lúdico (jogo)**: é o que contém uma persuasão moderada não utilizando a forma verbal imperativa e não propondo uma verdade única. Interessa-se pelo jogo da linguagem, bem como seus recursos linguísticos e literários.

2. **Discurso polêmico**: é o que produz uma atmosfera de instigação argumentativa, no qual se verificam espaços para posicionamentos variados.

3. **Discurso autoritário**: propriamente persuasivo, enclausurando a verdade de um único ponto de vista, não admitindo questionamentos. Quem fala coloca-se hierarquicamente superior e tenta abafar outros posicionamentos divergentes.

Para melhor entendimento do discurso persuasivo, propõe-se a análise de alguns elementos: distância, exclusividade do sujeito que fala; modalização, uso do imperativo e da paráfrase; tensão, o falante domina e não permite a abertura de questionamentos; transparência, clareza da mensagem veiculada.

A persuasão pode ser verificada em vários discursos, como o publicitário, cujas análises de propagandas nos permitem visualizar; o religioso, em que as orações e as passagens bíblicas nos são bem ilustrativas; o do livro didático, que traz o perfeito esquema da sociedade, como a família constituída por todos os seus membros que convivem harmoniosamente; na literatura, em que o narrador nos revela a sua visão do mundo e dos acontecimentos etc.

Verificam-se, assim, as múltiplas facetas que o vocábulo adquire enquanto "operário" da empresa do "discurso". A persuasão existe, de forma gritante nos *outdoors* espalhados pela cidade, nos discursos políticos, que se acentuam em véspera de eleição, mas, principalmente, nas entrelinhas onde, mascarada, exerce de forma perigosa o seu objetivo de convencer e corromper (CITELLI, 1988).

Na retórica, para convencer o outro, o orador conta com artifícios diversos: os argumentos lógicos e os comprobatórios, os argumentos baseados em jogos de linguagem e outros chamados de falácias (ou falsos argumentos). Conheçamos alguns deles.

ARGUMENTOS DEMONSTRATIVOS OU COMPROBATÓRIOS

▶ Fatos

São informações de conhecimento amplo e podem ser mais ou menos irrefutáveis, levando-se em conta a relatividade deles no tempo. Pode-se, por exemplo, provar a deficiência da previdência social, citando o fato de contribuintes se verem forçados a recorrer a hospitais particulares, o fato de pessoas morrerem na fila de espera ou simplesmente não conseguirem atendimento de urgência.

▶ Exemplos

São fatos típicos ou representativos de determinada situação. O fato de um professor se ver na contingência de dar, em colégios particulares ou públicos, dez ou mais aulas diárias é um exemplo típico dos sacrifícios que estão sujeitos os membros do magistério no Brasil.

▶ Ilustrações

Quando o exemplo se alonga em narrativa detalhada e entremeada de descrições, temos a ilustração (ou descrição narrativa). Como argumento comprobatório, a ilustração deve ser real, momento em que o debatedor narra com detalhes um fato verdadeiro – episódios históricos, acontecimentos contemporâneos cujo enredo se possa resumir e servir de apoio à tese.

▶ Dados estatísticos

Dados estatísticos são também fatos, mas fatos específicos. Possuem grande valor de convicção, constituindo quase sempre prova ou evidência incontestável, mas é preciso ter atenção, pois seu valor se relativiza dependendo da fonte e do tempo de geração do dado.

▶ Testemunho (ou argumento de autoridade)

Fato trazido à argumentação por um terceiro. Se a testemunha é fidedigna e possui credibilidade, seu valor é inegável e se coloca entre os argumentos chamados "de autoridade".

ARGUMENTOS BASEADOS EM RACIOCÍNIO LÓGICO

▶ Raciocínio dedutivo

Desenvolve do geral para o particular. O que é verdadeiro para todo um grupo é verdadeiro para cada um dos seus membros.

Exemplos:

> **Premissa A**: A mulher brasileira é famosa pela beleza.
> **Premissa B**: Você é uma mulher brasileira.
> **Conclusão**: Deduz-se que você seja bonita.

▶ **Raciocínio indutivo**

Desenvolve do particular para o geral. Se um número expressivo de membros de um grupo apresenta determinada característica, esta se estende a todos.

Exemplos:

> O ferro conduz eletricidade. O ferro é metal.
> O ouro conduz eletricidade. O ouro é metal
> O cobre conduz eletricidade. O cobre é metal.
> Logo, os metais conduzem eletricidade.

ARGUMENTOS BASEADOS EM RACIOCÍNIOS QUASE-LÓGICOS

Parte de uma estrutura formal, lógica, dedutiva, que dá origem a contradições. A interpretação pode ser variada, dependendo da natureza do que é analisado. Os tipos de argumentos são:

▶ **Compatibilidade e incompatibilidade**: demonstra que a tese de adesão inicial é compatível ou incompatível com a tese principal.

▶ **Regra de justiça**: busca o tratamento idêntico a seres de uma mesma categoria.

▶ **Retorsão**: em uma réplica, são utilizados os argumentos do interlocutor, buscando contradições.

▶ **Ridículo**: cria uma situação irônica ao se adotar um argumento do outro, extraindo dele conclusões estapafúrdias.

▶ **Definição e identidade**: a identidade é posta pela definição que a estabelece.

▶ **Pragmático**: relação de dois argumentos por meio de um vínculo causal. Interessa-se particularmente pelas consequências.

▶ **Dos inseparáveis**: visa associar dois termos de forma inseparável. Um não funciona sem o outro.

- **Do desperdício**: iniciado um trabalho é preciso ir até o fim, para não perder tempo e dinheiro.
- *Ad personam*: associa o caráter de uma pessoa a seus atos.
- **O exemplo**: em que o caso particular permite uma generalização.
- **A ilustração**: descrições para criar efeitos de presença em casos particulares.
- **O modelo**: em que um caso particular serve para incitar a uma ação que se inspira nele.
- **A analogia**: utiliza como tese de adesão inicial um fato que tenha uma relação analógica com a tese principal. Não é uma relação de semelhança, mas uma semelhança de relação. Por isso, pode-se fundar em uma metáfora: que é uma comparação abreviada.

ARGUMENTOS BASEADOS EM RACIOCÍNIOS FALACIOSOS OU SOFISMAS

São raciocínios ou argumentos falsos, que, apesar de sua aparência de verdade, são cometidos ou por inadvertência, ou por má-fé. Podem ser representados por ideia equivocada; falsa crença; raciocínio incorreto, errôneo, falso, entre outros.

As falácias são caracterizadas em falhas formais (quando afetam o raciocínio lógico) e falhas não formais ou materiais (uso indevido da linguagem ou da boa-fé).

Exemplo:

> Todos os políticos são desonestos.

- **Falácias formais**

> Alguns cogumelos são venenosos;
> ora, alguns vegetais são cogumelos;
> logo, alguns vegetais são venenosos.

Pela lógica (silogismo), a 1ª premissa deve ser geral e a 2ª deve ser particular. Assim, esse raciocínio não se sustenta. É falacioso.

> Os pássaros voam;
> ora, os pássaros são animais;
> logo, todo animal voa.

A falha do raciocínio está na conclusão, que não pode ser mais extensa do que as premissas.

▶ **Falácias não formais ou materiais**

São aqueles argumentos não comprobatórios ou falsos usados pelo debatedor de maneira intencional.

▶ *Argumentum ad baculum* **(ou recurso à força)** – é o argumento da ameaça.

Exemplo:

> Um pai, desejoso de obter uma mudança no comportamento do filho, ou ameaça bater nele ou cortar-lhe a mesada.

▶ *Argumentum ad hominen* **(ofensivo ou circunstancial)** – em vez de atacar o argumento, ataca-se a pessoa que a fez.

Exemplo:

> Em campanhas eleitorais, atacar os candidatos enquanto pessoas, em vez de atacar seus projetos ou propostas.
>
> Um caçador, acusado de matar animais inofensivos para sua própria diversão, pergunta a seu crítico: "Por que se alimenta com carne de gado inocente?"

▶ *Argumentum ad ignorantiam* **(pela ignorância)** – ocorre quando se defende uma proposição como verdadeira, apenas porque não foi provada sua falsidade (ou vice-versa).

Exemplo:

> Não existem fantasmas, pois nunca ninguém viu um.

▶ *Argumentum ad misericordiam* **(apelo à piedade)** – apela-se à compaixão ou à piedade, para se conseguir a aceitação de determinada conclusão.

Exemplo:

> Ao defender um cliente culpado, um advogado abre mão dos fatos e trata de ganhar a absolvição do cliente, despertando a piedade por este nos membros do júri.

- ***Argumentum ad populum* (apelo popular – emocional)** – em vez de apresentar as provas, apela-se às emoções do povo ou público, na tentativa de ganhar sua adesão ou concordância para uma conclusão, despertando as paixões (a admiração, e o entusiasmo) da multidão. É o recurso predileto da propaganda e de políticos demagogos.

Exemplo:

> A carta testamento de Getúlio Vargas.
> "Deixo à sanha dos meus inimigos o legado da minha morte.
> Levo o pesar de não haver podido fazer, por este bom e
> generoso povo brasileiro e principalmente pelos
> mais necessitados, todo o bem que pretendia."

- **Generalização** – usado para fortalecer um argumento, a princípio, individual.

Exemplo:

> Um funcionário diz a seu superior: – Ninguém aqui está concordando com as novas regras do acordo de trabalho.

- **Enquadramento manipulador** – identifica-se o agente de uma ação por uma das categorias a que ele pertence. Com esse enquadramento, o argumentador tenta manipular o interlocutor, implicando/condenando toda a categoria.

Exemplo:

> Pastor é detido no aeroporto de Guarulhos,
> portando um milhão de reais nas roupas íntimas.

- **Argumento do dilema** (o mal menor é o melhor mal) – consiste na apresentação de duas alternativas com consequências negativas. Diante da impossibilidade de se resolver uma situação positivamente, o dilema é a escolha pelo mal menor.

Exemplo:

> Negociações de greves trabalhistas.

- **Falso argumento de autoridade** – ocorre quando se apela a uma autoridade fora do seu campo de competência, desatualizada ou, ainda, aceita-se uma ideia como verdadeira somente porque uma autoridade a defende.

Exemplo:

> Em uma discussão sobre religião, um dos antagonistas recorreu às opiniões de Darwin, autoridade em Naturalismo, e não em religião.

- **Pergunta retórica** – usada quando o orador não pretende obter uma resposta com a pergunta, mas uma reflexão, a adesão à sua tese, ou, ainda, pergunta complexa, argumentação em círculos, provas não validadas, o silêncio, as expressões faciais e gestuais etc.

Podemos mencionar, também, as estratégias argumentativas e retóricas, atitudes comuns do debatedor:

- Refutar o argumento que lhe pareça mais forte.
- Atacar e realçar os pontos fracos da argumentação contrária.
- Utilizar a técnica de redução, levando os argumentos contrários ao máximo de sua extensão.
- Verificar se o opositor apresentou uma evidência adequada ao argumento empregado.
- Escolher uma autoridade que tenha dito exatamente o contrário do que afirma o opositor.
- Aceitar os fatos, mas demonstrar que foram mal empregados.
- Atacar a fonte na qual se basearam os argumentos do seu opositor.
- Citar outros exemplos semelhantes, que provem exatamente o contrário dos argumentos que lhe são apresentados pelo opositor.
- Demonstrar que a citação feita pelo opositor foi deturpada, com a omissão de palavras ou de toda a sentença que diria o contrário do que quis dizer o opositor.
- Analisar cuidadosamente os argumentos contrários, dissecando-os para revelar as falsidades que contêm.

RECURSOS ESTILÍSTICOS E VÍCIOS DE LINGUAGEM

Há vários recursos de linguagem que auxiliam o autor a melhorar o seu texto, adotando um estilo pessoal e, muitas vezes, mais expressivo. Dentre esses recursos, destacam-se as figuras de linguagem.

FIGURAS DE LINGUAGEM

As figuras de linguagem ou de estilo são empregadas para valorizar o texto. É um recurso linguístico para expressar experiências comuns de formas diferentes, conferindo originalidade, emotividade ou poeticidade ao discurso.

As figuras revelam muito da sensibilidade de quem as produz, traduzindo particularidades estilísticas do autor. A palavra empregada em sentido figurado, não denotativo, passa a pertencer a outro campo de significação, mais amplo e criativo.

As figuras de linguagem classificam-se em:

- figuras de palavras;
- figuras de harmonia ou de som;
- figuras de pensamento ou estilo;
- figuras de construção ou sintaxe.

FIGURAS DE PALAVRA

Consistem no emprego de um termo com sentido diferente daquele convencionalmente empregado, a fim de se conseguir um efeito mais expressivo na comunicação.

São figuras de palavras:

- **Comparação**: ocorre quando se estabelece aproximação entre dois elementos que se identificam, ligados por conectivos comparativos explícitos – feito, assim como, tal, como, tal qual, tal como, qual, que nem – e alguns verbos – parecer, assemelhar-se e outros.

> "Amou daquela vez **como se fosse máquina**.
> Beijou sua mulher **como se fosse lógico**."
> *(BUARQUE, 1971a, grifo nosso)*

- **Metáfora**: ocorre quando um termo substitui outro por meio de uma relação de semelhança resultante da subjetividade de quem a cria. A metáfora também pode ser entendida como uma comparação abreviada, em que o conectivo não está expresso, mas subentendido.

> "Supondo o **espírito humano** uma vasta **concha**, o meu fim,
> Sr. Soares, é ver se posso extrair **pérolas**, que é a **razão**."
> *(ASSIS, 1994a, grifo nosso)*

- **Metonímia**: ocorre quando há substituição de uma palavra por outra, havendo entre ambas algum grau de semelhança, relação, proximidade de sentido ou implicação mútua. Essa substituição fundamenta-se em uma relação objetiva, real, realizando-se de inúmeros modos:

  - continente pelo conteúdo e vice-versa

  > Antes de sair, tomamos **um cálice** de licor.
  > (O CONTEÚDO DE UM CÁLICE)

  - causa pelo efeito e vice-versa

  > "E assim o operário ia
  > Com suor e com cimento.
  > Erguendo uma casa aqui
  > Adiante um apartamento."
  > *(MORAES, 1959)*
  >
  > (SUOR E CIMENTO = TRABALHO)

  - lugar de origem ou de produção pelo produto

  > Comprei uma garrafa do legítimo **porto**.
  > (O VINHO DA CIDADE DO PORTO)

  - autor pela obra

  > Ela parecia ler **Jorge Amado**.
  > (A OBRA DE JORGE AMADO)

- abstrato pelo concreto e vice-versa

    > Não devemos contar com o seu **coração**.
    > (SENTIMENTO, SENSIBILIDADE)

- símbolo pela coisa simbolizada

    > A **coroa** foi disputada pelos revolucionários.
    > (O PODER)

- matéria pelo produto e vice-versa

    > Lento, o **bronze** soa.
    > (O SINO)

- inventor pelo invento

    > **Edson** ilumina o mundo.
    > (THOMAS EDSON = ENERGIA ELÉTRICA)

- coisa pelo lugar

    > Vou à **prefeitura**.
    > (AO EDIFÍCIO DA PREFEITURA)

- instrumento pela pessoa que o utiliza

    > Ele é um **bom garfo**.
    > (GULOSO, GLUTÃO)

- **Catacrese**: é um tipo especial de metáfora, "[...] é uma espécie de metáfora desgastada, em que já não se sente nenhum vestígio de inovação, de criação individual e pitoresca. É a metáfora tornada hábito linguístico, já fora do âmbito estilístico". (GARCIA, 2013, p. 89)

São exemplos de catacrese:

> **folhas** de livro **pele** de tomate
> **dente** de alho **montar** em burro
> **céu** da boca **cabeça** de prego
> **mão** de direção **ventre** da terra
> **asa** da xícara **sacar** dinheiro no banco

▶ **Sinestesia**: consiste na fusão de sensações diferentes em uma mesma expressão. Essas sensações podem ser físicas (gustação, audição, visão, olfato e tato) ou psicológicas (subjetivas).

> "A minha primeira recordação é um muro velho, no quintal de uma casa indefinível. Tinha várias feridas no reboco e veludo de musgo. Milagrosa aquela mancha **verde** [sensação visual] e **úmida, macia** [sensações táteis], quase irreal." (MEYER, 1957, grifo nosso)

▶ **Antonomásia**: ocorre quando designamos uma pessoa por uma qualidade, característica ou fato que a distingue.

Na linguagem coloquial, antonomásia é o mesmo que apelido, alcunha ou cognome, cuja origem é um aposto (descritivo, especificativo etc.) do nome próprio.

> Pelé (= EDSON ARANTES DO NASCIMENTO)
> O Cisne de Mântua (= VIRGÍLIO)
> O Dante Negro (= CRUZ E SOUZA)
> O rei das selvas (= LEÃO)

▶ **Alegoria**: é uma acumulação de metáforas referindo-se ao mesmo objeto; é uma figura poética que consiste em expressar uma situação global por meio de outra que a evoque e intensifique o seu significado. Na alegoria, todas as palavras estão transladadas para um plano que não lhes é comum e oferecem dois sentidos completos e perfeitos – um referencial e outro metafórico.

> "A vida é uma ópera, é uma grande ópera. O tenor e o barítono lutam pelo soprano, em presença do baixo e dos comprimários, quando não são o soprano e o contralto que lutam pelo tenor, em presença do mesmo baixo e dos mesmos comprimários. Há coros numerosos, muitos bailados, e a orquestra é excelente." (ASSIS, 1994b)

FIGURAS DE HARMONIA

Chamam-se figuras de som ou de harmonia os efeitos produzidos na linguagem quando há repetição de sons ou, ainda, quando se procura "imitar" sons produzidos por coisas ou seres.

As figuras de harmonia ou de som são:

- **Aliteração**: ocorre quando há repetição da mesma consoante ou de consoantes similares, geralmente em posição inicial da palavra.

> "Toda **g**ente homena**g**eia **J**anuária na **j**anela."
> (BUARQUE, 1967, grifo nosso)

- **Assonância**: ocorre assonância quando há repetição da mesma vogal ao longo de um verso ou poema.

> "Sou **A**na, d**a** c**a**m**a**
> d**a** c**a**n**a**, ful**a**n**a**, b**a**c**a**n**a**
> Sou **A**n**a** de **A**msterd**a**m."
> (BUARQUE; GUERRA, c1972, grifo nosso)

- **Paronomásia**: ocorre paronomásia quando há reprodução de sons semelhantes em palavras de significados diferentes.

> "B**erro** pelo at**erro** pelo dest**erro**
> b**erro** por seu b**erro** pelo seu **erro**
> **que**ro **que** você **g**anhe que você me ap**anhe**
> sou o seu bez**erro** gritando mamãe."
> (VELOSO, 1975, grifo nosso)

- **Onomatopeia**: ocorre quando uma palavra ou conjunto de palavras imita um ruído ou som.

> "Ó rodas, ó engrenagens, **r-r-r-r-r-r-r** eterno."
> (PESSOA, 1914, grifo nosso)

FIGURAS DE PENSAMENTO

São recursos de linguagem que se referem ao significado das palavras, ao seu aspecto semântico.

São figuras de pensamento:

▶ **Antítese**: ocorre quando há aproximação de palavras ou expressões de sentidos opostos.

> "**Amigos** ou **inimigos** estão, amiúde, em posições trocadas. Uns nos querem **mal**, e fazem-nos **bem**. Outros nos almejam o **bem**, e nos trazem o **mal**." (BARBOSA, 1920, grifo nosso)

▶ **Apóstrofe**: ocorre quando há invocação de uma pessoa ou algo, real ou imaginário, que pode estar presente ou ausente. Corresponde ao vocativo na análise sintática e é utilizada para dar ênfase à expressão.

> "**Deus**! ó **Deus**! onde estás, que não respondes?"
> (ALVES, 1868, grifo nosso)

▶ **Paradoxo**: ocorre paradoxo não apenas na aproximação de palavras de sentido oposto, mas também na de ideias que se contradizem referindo-se ao mesmo termo. É uma verdade enunciada com aparência de mentira. Oxímoro (ou oximoron) é outra designação para paradoxo.

> "Amor é **fogo** que **arde** sem se ver;
> É **ferida que dói e não se sente**;
> É um **contentamento descontente**;
> É **dor que desatina sem doer**;"
> (CAMÕES, 1580, grifo nosso)

▶ **Eufemismo**: ocorre eufemismo quando uma palavra ou expressão é empregada para atenuar uma verdade tida como penosa, desagradável ou chocante.

> "E pela **paz derradeira*** que enfim vai nos redimir Deus lhe pague".
> (BUARQUE, 1971b, grifo nosso)
>
> *paz derradeira = morte

- **Gradação**: ocorre graduação quando há uma sequência de palavras que intensificam uma mesma ideia.

> "**Aqui**... **além**... **mais longe** por onde eu movo o passo."
> (ALVES, 1868, grifo nosso)

- **Hipérbole**: ocorre hipérbole quando há exagero de uma ideia, a fim de proporcionar uma imagem emocionante e de impacto.

> "**Rios te correrão dos olhos**, se chorares!"
> (BILAC, 1865, grifo nosso)

- **Ironia**: ocorre quando, pelo contexto, pela entonação, pela contradição de termos, sugere-se o contrário do que as palavras ou orações parecem exprimir. A intenção é depreciativa ou sarcástica.

> "Moça linda, bem tratada,
> três séculos de família,
> burra como uma porta:
> um amor."
> (ANDRADE, 1893)

- **Prosopopeia**: ocorre prosopopeia (ou animização ou personificação) quando se atribui movimento, ação, fala, sentimento, enfim, caracteres próprios de seres animados a seres inanimados ou imaginários. Também a atribuição de características humanas a seres animados constitui prosopopeia, o que é comum nas fábulas e nos apólogos, como este exemplo de Mário de Quintana: "O peixinho (...) silencioso e levemente melancólico..."

> "[...] os **rios** vão **carregando** as queixas do caminho."
> (BOPP, 1994, grifo nosso)
>
> Um **frio inteligente** [...] percorria o jardim [...]"
> (LISPECTOR, 2002, grifo nosso)

▶ **Perífrase**: ocorre perífrase quando se cria um torneio de palavras para expressar algum objeto, acidente geográfico ou situação que não se quer nomear.

> **"Cidade maravilhosa**
> Cheia de encantos mil
> **Cidade maravilhosa**
> Coração do meu Brasil."
> (FILHO, 1934, grifo nosso)

FIGURAS DE SINTAXE

As figuras de sintaxe ou de construção dizem respeito a desvios em relação à concordância entre os termos da oração, sua ordem, possíveis repetições ou omissões. Elas podem ser construídas por: **omissão**: assíndeto, elipse e zeugma; **repetição**: anáfora, pleonasmo e polissíndeto; **inversão**: anástrofe, hipérbato, sínquise e hipálage; **ruptura**: anacoluto; **concordância ideológica**: silepse.

Portanto, são figuras de construção ou sintaxe:

▶ **Assíndeto**: ocorre assíndeto quando orações ou palavras que deveriam vir ligadas por conjunções coordenativas aparecem justapostas ou separadas por vírgulas. Exigem do leitor atenção maior no exame de cada fato, por exigência das pausas rítmicas (vírgulas).

> "Não nos movemos, as mãos é que se estenderam pouco a pouco, todas quatro, pegando-se, apertando-se, fundindo-se."
>
> (ASSIS, 1994b)

▶ **Elipse**: ocorre elipse quando omitimos um termo ou oração que facilmente podemos identificar ou subentender no contexto. Pode ocorrer na supressão de pronomes, conjunções, preposições ou verbos. É um poderoso recurso de concisão e dinamismo.

> "Veio sem pinturas, em vestido leve, sandálias coloridas."

Elipse do pronome **ela** (Ela veio) e da preposição **de** (de sandálias...)

- **Zeugma**: ocorre zeugma quando um termo já expresso na frase é suprimido, ficando subentendida sua repetição.

> "Foi saqueada a vida, e assassinados os partidários dos Felipes."
> (Camilo Castelo Branco)

Zeugma do verbo: "e **foram** assassinados..."

- **Anáfora**: ocorre anáfora quando há repetição intencional de palavras no início de um período, frase ou verso.

> "**Depois** o areal extenso...
> **Depois** o oceano de pó...
> **Depois** no horizonte imenso
> Desertos... desertos só..."
> (ALVES, 1868, grifo nosso)

- **Pleonasmo**: ocorre pleonasmo quando há repetição da mesma ideia, isto é, redundância de significado.

  - **Pleonasmo literário**: é o uso de palavras redundantes para reforçar uma ideia, tanto do ponto de vista semântico como do ponto de vista sintático. Usado como um recurso estilístico, enriquece a expressão, dando ênfase à mensagem

    > "Iam vinte anos desde aquele dia
    > Quando **com os olhos eu quis ver** de perto
    > Quando em visão com os da saudade via."
    > (OLIVEIRA, 1959, p. 68, grifo nosso)

    > "**Morrerás morte vil** na mão de um forte."
    > (DIAS, 1851, grifo nosso)

    > "Ó **mar salgado**, quando do teu sal
    > São lágrimas de Portugal"
    > (PESSOA, 1959, grifo nosso)

▶ **Pleonasmo vicioso**: é o desdobramento de ideias que já estavam implícitas em palavras anteriormente expressas. Pleonasmos viciosos devem ser evitados, pois não têm valor de reforço de uma ideia, sendo apenas fruto do descobrimento do sentido real das palavras. Exemplos:

> subir para cima
> repetir de novo
> hemorragia de sangue
> breve alocução
>
> entrar para dentro
> ouvir com os ouvidos
> monopólio exclusivo
> principal protagonista

▶ **Polissíndeto**: ocorre polissíndeto quando há repetição enfática de uma conjunção coordenativa mais vezes do que exige a norma gramatical (geralmente a conjunção **e**). É um recurso que sugere movimentos ininterruptos ou vertiginosos.

> "Vão chegando as burguesinhas pobres,
> e as criadas das burguesinhas ricas
> e as mulheres do povo, e as lavadeiras da redondeza."
> (BANDEIRA, 2013)

▶ **Anástrofe**: ocorre anástrofe quando há uma simples inversão de palavras vizinhas (determinante/determinado).

> "**Tão leve estou*** que nem sombra tenho."
> (QUINTANA, 2005, grifo nosso)
> *Estou tão leve...

▶ **Hipérbato**: ocorre hipérbato quando há uma inversão completa de membros da frase.

> "Passeiam à tarde, as belas na Avenida." *(ANDRADE, 1893)
> *As belas passeiam na Avenida à tarde.

▶ **Sínquise**: ocorre sínquise quando há uma inversão violenta de distantes partes da frase. É um hipérbato exagerado.

> "A grita se alevanta ao Céu, da gente." *(CAMÕES, 1580)
> *A grita da gente se alevanta ao Céu.

▶ **Hipálage**: ocorre hipálage quando há inversão da posição do adjetivo: uma qualidade que pertence a um objeto é atribuída a outro, na mesma frase.

> "... as **lojas loquazes** dos barbeiros."
> *(QUEIRÓS, 1888, grifo nosso)
>
> *... as lojas dos barbeiros loquazes.

▶ **Anacoluto**: ocorre anacoluto quando há interrupção do plano sintático com que se inicia a frase, alterando-lhe a sequência lógica. A construção do período deixa um ou mais termos – que não apresentam função sintática definida – desprendidos dos demais, geralmente depois de uma pausa sensível.

> "**Essas empregadas de hoje**, não se pode confiar nelas."
> (Alcântara Machado)

▶ **Silepse**: ocorre silepse quando a concordância não é feita com as palavras, mas com a ideia a elas associada.

▶ **Silepse de gênero**: ocorre quando há discordância entre os gêneros gramaticais (feminino ou masculino).

> "Quando a **gente** é **novo**, gosta de fazer bonito."
> (Guimarães Rosa)

▶ **Silepse de número**: ocorre quando há discordância envolvendo o número gramatical (singular ou plural).

> Corria **gente** de todos lados, e **gritavam**."
> (Mário Barreto)

▶ **Silepse de pessoa**: ocorre quando há discordância entre o sujeito expresso e a pessoa verbal: o sujeito que fala ou escreve se inclui no sujeito enunciado.

> "Na noite seguinte **estávamos** reunidas algumas pessoas."
> (ASSIS, 1994b)

VÍCIOS DE LINGUAGEM

São alterações defeituosas que sofre a língua em sua pronúncia e escrita devido à ignorância do povo ou ao descaso de alguns escritores. Devem-se, em grande parte, à suposta ideia da afinidade de forma ou pensamento.

Os vícios de linguagem são: barbarismo, anfibologia, cacofonia, eco, arcaísmo, vulgarismo, estrangeirismo, solecismo, obscuridade, hiato, colisão, neologismo, preciosismo, pleonasmo.

▶ **Ambiguidade ou anfibologia**: caracteriza-se pelas mensagens de duplo sentido. Pode ocorrer pela disposição inadequada das palavras na frase.

> O menino viu o incêndio da escola.
> O chefe discutiu com o empregado e estragou seu dia.
> (Não se sabe qual dos dois é autor, ou paciente).

▶ **Barbarismo**: uso de palavras erradas quanto à pronúncia, forma ou significação.

> Rúbrica em vez de rubrica – deslocamento do acento tônico
> Excessão em vez de exceção – erro de grafia

▶ **Cacofonia**: som desagradável ou palavra inconveniente, ridícula, obscena, resultante da junção de vocábulos em uma frase.

> Não tenho pretensão acerca dela.
> (Não tenho pretensão a ser cadela?)
> Vou-me já porque já está pingando.
> (Vou mijar porque já está pingando?)

▶ **Colisão**: sequência de sons consonantais iguais, da qual resulta um efeito acústico desagradável.

> Se você se sair satisfatoriamente, seremos salvos.
> Futebol define finalistas do final de semana.

- **Hiato**: acúmulo de vogais que produz um efeito acústico desagradável.

> Assava a asa da ave / O amálgama faz mal.

- **Pleonasmo**: uso de palavras ou expressões redundantes ou supérfluas, que não acrescentam nada ao que foi dito.

> Subir para cima / Monopólio exclusivo.

- **Solecismo**: infração às normas da sintaxe (concordância, regência ou colocação).

> Haviam dez alunos na sala (EM VEZ DE) Havia dez alunos na sala.
> Me empresta o guarda-chuva (EM VEZ DE) Empreste-me o guarda-chuva.

- **Arcaísmo**: emprego de palavras ou expressões que já caíram em desuso.

> Trabalho feito de muita gente (EM VEZ DE) Trabalho feito por muita gente.
> **Vossa mercê** vai pescar.

- **Eco**: espécie de cacofonia que consiste na sequência de sons vocálicos, idênticos, ou na proximidade de palavras que têm a mesma terminação. Também se chama assonância.

> É possível a aprov**ação** da trans**ação** sem conci**são** e sem associ**ação**.
> A deci**são** da elei**ção** n**ão** causou como**ção** na popula**ção**.

- **Neologismo**: criação desnecessária de palavras novas.

> O ministro se considerava **imexível**.

- **Estrangeirismo**: o uso exagerado de palavras, expressões e construções estrangeiras, principalmente, quando há outros termos correlatos.

> As atividades terão início com um **breakfast** (café da manhã).

NOVA ORTOGRAFIA

A língua portuguesa é falada oficialmente por 230 milhões de pessoas, pertencentes a 8 países (Portugal, Brasil, São Tomé e Príncipe, Guiné Bissau, Cabo Verde, Angola, Moçambique e Timor Leste). A dispersão dos falantes provocou diferenças razoáveis entre as variedades linguísticas brasileira, europeia e africana. Essas diferenças acarretam problemas na redação de tratativas internacionais e na publicação de obras de interesse público, razão que justifica a proposta do acordo ortográfico. Contudo, o acordo é polêmico e não elimina todas as diferenças observadas entre os países, mas é um passo em direção à pretendida unificação. Com as novas normas, fica alterado 0,5% dos vocábulos no Brasil e 1,6% nos demais países, contendo 21 bases de alterações.

MODIFICAÇÕES ORTOGRÁFICAS NO PORTUGUÊS DO BRASIL

O alfabeto passa a ter 26 letras. Foram reintroduzidas as letras k, w e y. O alfabeto passa a ser: A B C D E F G H I J K L M N O P Q R S T U V W X Y Z.

Não se usa mais o trema (¨), sinal colocado sobre a letra u para indicar que ela deve ser pronunciada nos grupos gue, gui, que, qui, como aguentar, cinquenta, eloquente, linguiça.

MUDANÇAS NA ACENTUAÇÃO

Não se usa mais o acento dos ditongos abertos éi e ói das palavras paroxítonas, como ideia, paranoia. Porém, continuam sendo acentuadas as oxítonas terminadas em éis, éu, éus, ói, óis, por exemplo, papéis, herói, heróis, troféu, troféus.

Nas palavras paroxítonas, não se usa mais o acento no i e no u tônicos, quando vierem depois de um ditongo, assim, feiúra passa a ser feiura.

> **dica**
>
> Se a palavra for oxítona e o "**i**" ou o "**u**" estiverem em posição final (ou seguidos de s), o acento permanece, por exemplo, tuiuiú.

O acento das palavras terminadas em êem e ôo(s) não é mais utilizado. Por exemplo, abençoo, creem.

Não se usa mais o acento que diferenciava os pares pára/para, péla(s)/pela(s), pêlo(s)/pelo(s), pólo(s)/polo(s) e pêra/pera. Todavia, permanece o acento diferencial em pôde/pode, uma vez que **pôde** é a forma do passado do verbo poder (pretérito perfeito do indicativo), na 3ª pessoa do singular, e **pode** é a forma do presente do indicativo, na 3ª pessoa do singular. Permanece também o acento diferencial em pôr/por, pois **pôr** é verbo e **por** é preposição.

Exemplos:

> Ontem, ele não pôde sair mais cedo, mas hoje ele pode.
>
> Vou pôr o livro na estante que foi feita por mim.

Foram mantidos, ainda, os acentos que diferenciam o singular do plural dos verbos ter e vir, assim como de seus derivados (manter, deter, reter, conter, convir, intervir, advir etc.).

Exemplo:

> Ele tem dois carros. / Eles têm dois carros.

É facultativo o uso do acento circunflexo para diferenciar as palavras forma/fôrma. Em alguns casos, o uso do acento deixa a frase mais clara, como no exemplo: Qual é a forma da fôrma do bolo?

Não se usa mais o acento agudo no u tônico das formas (tu) arguis, (ele) argui, (eles) arguem, do presente do indicativo dos verbos arguir e redarguir.

Há uma variação na pronúncia dos verbos terminados em guar, quar e quir, como aguar, averiguar, apaziguar, desaguar, enxaguar, obliquar, delinquir etc. Esses verbos admitem duas pronúncias em algumas formas do presente do indicativo, do presente do subjuntivo e também do imperativo.

▶ se forem pronunciadas com a ou i tônicos, como se prefere no Brasil, devem ser acentuadas. Por exemplo: enxáguo, enxáguas, enxágua, enxáguam; enxágue, enxáguem, delínquo, delínques, delínque, delínquem; delínqua, delínquam.

▶ se forem pronunciadas com u tônico, essas formas deixam de ser acentuadas. Por exemplo: enxaguo, enxaguas, enxagua, enxaguam; enxague, enxagues, delinquo, delinques, delinquem; delinqua, delinquas, delinquam.

MODIFICAÇÕES NO USO DO HÍFEN

Em palavras formadas por prefixos ou por elementos que podem funcionar como prefixos não se utiliza mais o hífen, por exemplo, aero, agro, ante, anti, arqui, auto, circum, co, contra, eletro, entre, extra, geo, hidro, hiper, infra, inter, intra, macro, micro, mini, multi, neo, pan, pluri, proto, pseudo, retro, semi, sobre, sub, super, supra, tele, ultra etc.

Com prefixos, usa-se sempre o hífen diante de palavra iniciada por H.

Exemplos:

> anti-higiênico / macro-história / mini-hotel

dica

A exceção dessa regra é palavra subumano (nesse caso, a palavra humano perde o h).

Também não se usa mais o hífen quando o prefixo termina em vogal diferente da vogal com que se inicia o segundo elemento. Exceto nos casos em que o prefixo CO aglutina-se com o segundo elemento, mesmo que este se inicie por o, como coobrigação, coordenar, cooperar.

Exemplos:

> Aeroespacial / agroindustrial / anteontem

Não se utiliza o hífen quando o prefixo termina em vogal e o segundo elemento começa por consoante diferente de r ou s.

Exemplos:

> Anteprojeto / antipedagógico / seminovo / ultramoderno

Não se usa o hífen quando o prefixo termina em vogal e o segundo elemento começa por r ou s. Nesse caso, duplicam-se essas consoantes.

Exemplos:

> antirrugas / antissocial / biorritmo / contrarregra

Quando o prefixo termina por vogal, usa-se o hífen se o segundo elemento começar pela mesma vogal.

Exemplos:

> anti-inflamatório / auto-observação / contra-ataque / micro-ondas

Quando o prefixo termina por consoante, usa-se o hífen se o segundo elemento começar pela mesma consoante.

▶ Com o prefixo sub, usa-se o hífen também diante de palavra iniciada por r: sub-região, sub-raça etc.
▶ Com os prefixos circum e pan, usa-se o hífen diante de palavra iniciada por m, n e vogal: circum-navegação, pan-americano etc.

Exemplos:

> inter-regional / sub-bibliotecário

Quando o prefixo termina por consoante, não se usa o hífen se o segundo elemento começar por vogal.

Exemplos:

> hiperacidez / superinteressante

Deve-se usar o hífen com os sufixos de origem tupi-guarani: açu, guaçu e mirim.

Exemplos:

>amoré-guaçu / anajá-mirim / capim-açu

Deve-se usar o hífen para ligar duas ou mais palavras que ocasionalmente se combinam, formando não propriamente vocábulos, mas encadeamentos vocabulares.

Exemplos:

>Ponte Rio-Niterói / eixo Rio-São Paulo.

Não se deve usar o hífen em certas palavras que perderam a noção de composição.

Exemplos:

>girassol / madressilva / mandachuva

importante »

Com os prefixos ex, sem, além, aquém, recém, pós, pré, pró, vice, usa-se sempre o hífen.
Exemplos:
>além-mar / ex-aluno / vice-rei / vice-almirante / pós-graduação

Para clareza gráfica, se no final da linha a partição de uma palavra ou combinação de palavras coincidir com o hífen, ele deve ser repetido na linha seguinte.

Exemplo:

>Na cidade, conta-
>-se que ele foi viajar.

QUADRO 4.1 ▶ QUADRO SINTÉTICO DO USO DO HÍFEN

1º ELEMENTO	2º ELEMENTO	USO	OBSERVAÇÃO
Qualquer prefixo ou equivalente	Palavra iniciada por H	Sim	Exceção: subumano
Prefixo terminado por uma vogal	Palavra iniciada por outra vogal	Não	Prefixo CO aglutina com a mesma vogal
Termina em vogal	Inicia pela mesma vogal	Sim	
Termina em vogal	Inicia por consoante ≠ R ou S	Não	
Termina em vogal	Inicia por R ou S	Duplica-se o R ou o S	
Termina em consoante	Inicia por vogal	Não	
Termina em consoante	Inicia pela mesma consoante	Sim	Sub + R = sim Circum e Pan + M ou N = sim
Ex, sem, além, aquém, recém, pós, pré, pró, vice	Qualquer palavra	Sim	
OUTROS CASOS			
Sufixos de origem tupi-guarani: açu, guaçu e mirim		Sim	anajá-mirim, capim-açu
Duas ou mais palavras que formam encadeamentos vocabulares		Sim	Rio-Niterói, Rio-São Paulo
Palavras que perderam a noção de composição		Não	Mandachuva, girassol
No final de linha, para dividir palavra com hífen		Duplica-se	Registraram--se as ocorrências.

Fonte: Elaborado pela autora.

EM CONTATO COM A PESQUISA CIENTÍFICA: EXPLORAÇÃO DE UM ENSAIO

A seguir, você lerá um ensaio acerca de temas relacionados à gramática da língua portuguesa.

DISCURSO EM AÇÃO, GRAMÁTICA EM DISCUSSÃO

Ada Magaly Matias Brasileiro

RESUMO

Este ensaio empírico enfoca a situação atual do ensino da gramática na escola, bem como a dualidade ainda existente entre a perspectiva tradicional e a do discurso. Além de uma análise situacional, apresenta também uma sugestão de trabalho na qual se eliminem os radicalismos teóricos para que se encontre um consenso entre as partes.

Palavras-chave: Ensino de Gramática. Gramática Tradicional. Discurso.

1. CONSIDERAÇÕES INICIAIS

Radicalismo nunca foi sinônimo de sucesso. Isso também está evidente no que se refere ao ensino da língua materna. Desde que os estudiosos da linguagem apontaram o discurso como seu objeto de estudo e que se verificou a ineficiência do ensino da gramática nas escolas, o fato linguístico deixou de ser a motivação principal das aulas de Português. Consequentemente, o uso da gramática passou a ser visto como ultrapassado e com certo preconceito pela comunidade científica.

Nesse panorama divergente, especialistas e usuários concordam em um ponto: a qualidade das gramáticas e de suas definições tradicionais não reflete uma realidade linguística e, por si só, não contribui para a melhoria do desempenho dos usuários, uma vez que não mais satisfaz às exigências modernas. A gramática é, pois, objeto de discussão nos ambientes acadêmicos.

Nessa área, contudo, para que os estudos se desenvolvam e a sociedade lucre, é necessário aceitar que sempre há novas descobertas e novas interpretações de velhos fatos linguísticos. Ou seja, as novas descobertas dizem respeito ao discurso; e as novas interpretações, ao modo como se pode utilizar a tão criticada *Gramática Tradicional*. O discurso coeso e coerente é o objetivo do usuário; a gramática é uma das ferramentas para isso, ela não pode ser o fim em si mesma, mas um meio para a efetividade do discurso.

Diante deste quadro e também na condição de estudiosa e profissional da língua materna, a abordagem que aqui proponho é uma modesta análise da situação atual do ensino de Português. Inicialmente, neste ensaio, destaco as definições de gramática tradicional e a perspectiva do discurso; a seguir, procedo a uma exploração de exemplos colhidos em circunstâncias discursivas, realizando uma análise comparativa. As informações teóricas e a análise do *corpus* selecionado subsidiaram o desenho da dualidade por que passa a língua materna.

2. UMA TESE GRAMATICAL E UMA ANTÍTESE DISCURSIVA

Em busca da reformulação da gramática e do ensino, vários passos já foram dados. Alguns suscitam apenas a crítica pela crítica e abominam a gramática tradicional, a ponto de cobrar dela o que nunca foi seu objetivo; outros provocam debates no intuito de se chegar a um consenso; outros, ainda, arriscam alternativas viáveis que amenizem, principalmente, a angústia dos profissionais de ensino.

A gramática tradicional, prescritiva ou descritiva, surgiu na Grécia, no séc. II a.C. e sempre foi entendida como um instrumento pré-requisito do discurso, cujas formas abstratas são fixadas metodologicamente e arranjadas paradigmaticamente, consistindo em um sistema único de regras apropriadas ao idioma. Tal sistema possibilita, por exemplo, o ensino de uma língua estrangeira. Entretanto, conforme expõe Paul Hopper (1998, p. 158-162), ela "[...] defende a eficácia constante do sistema de linguagem e postula um falante/ouvinte perfeito em uma comunidade de linguagem completamente homogênea".

Partindo dessas afirmativas, percebe-se, com facilidade, a base equivocada em que a gramática tradicional se estruturou, uma vez que esse falante/ouvinte ideal, essa comunidade de linguagem homogênea, esse sistema único de regras não existem, não passam de uma ilusão teórica.

Uma antítese do ponto de vista discursivo se contrapôs a essa tese. Nessa perspectiva, aprende-se uma língua não através da memorização da regra abstrata, mas sim por meio da prática social de produção de textos. Isso significa que todo discurso é uma construção social, não individual, e que só pode ser analisado considerando seu contexto histórico-social, suas condições de produção, que reflete uma visão de mundo determinada e vinculada à do autor e à sociedade em que vive.

O que acontece, portanto, é uma simples inversão de posição: a gramática, que era pré-requisito do discurso, passa a uma situação de produto dele, uma vez que é o próprio discurso que implementa as estruturas. Por outro lado, vale ressaltar que o discurso nunca é observado sem a estrutura da gramática.

3. ANÁLISE DE EVENTOS LINGUÍSTICOS E DISCUSSÃO

O que acontece é uma simples inversão: a gramática, que era pré-requisito do discurso, passa a ser produto dele, uma vez que é o próprio discurso que implementa as estruturas. Por outro lado, vale ressaltar que o discurso nunca é observado sem a estrutura da gramática. Como ilustração, analisemos alguns exemplos:

(1) *Alugam*-se salas. × *Aluga*-se salas.
(2) Faça isso e você apanha!
(3) Júlia está feliz. × Júlia está aqui.

Em (1), temos um confronto de concordância verbal: de um lado, há a concordância defendida tradicionalmente, que classifica o "SE" como partícula apassivadora do sujeito "salas", o que obriga o verbo a ficar no plural. Por outro lado, tem-se o emprego do fato linguístico no próprio discurso, no uso real. Ali, o "SE" está empregado como um marcador de sujeito indeterminado, ou seja, alguém aluga salas. Tal emprego é comum tanto na língua falada quanto na escrita.

No exemplo (2), a conjunção "e", normalmente classificada como conjunção coordenativa aditiva, está assumindo a "[...] função de subordinativa condicional, com um grau de dependência menor." (DECAT, 1999, p. 29).

As sentenças (3) são exemplos de incoerência e falsa definição existentes na gramática tradicional. Para os tradicionalistas, os verbos de ligação são aqueles que não possuem transitividade; servem apenas para ligar o sujeito ao seu predicativo. São eles: ser, estar, permanecer, parecer, ficar, andar, continuar. Na oração "*Júlia está aqui.*" o verbo estar funciona como intransitivo, e não como ligação, afinal, *aqui* não é predicativo de Júlia.

Esses e inúmeros outros exemplos servem de argumento para provar que a língua não pode ser considerada uma estrutura pré-fabricada, pois o locutor, frequentemente, vê-se obrigado a "sacrificar" a sintaxe em favor das necessidades de interação, a fim de garantir a compreensão de seus enunciados. Passa-se, conforme Koch (2001), de uma explicação puramente sintática a uma explicação semântico--pragmática. É fato que as recorrências gramaticais são construídas no discurso e não vice-versa, mas também é fato que, ao produzir ou analisar um texto, o usuário obtém um melhor desempenho quando conhece as normas gramaticais.

O que não pode continuar acontecendo é que as academias ordenem a extinção do estudo gramatical nas escolas e, depois, elas mesmas lancem mão desse estudo em análises de discursos ou em questões de vestibulares. Isso é incoerente! É urgente que se encontre a síntese entre as duas vertentes, trabalhando o fato gramatical vinculado a situações comunicativas, ao papel sintático e semântico que exerce em contextos reais, não de maneira isolada ou em textos forjados para fins específicos.

A tarefa é difícil e lenta. Os tempos são outros e exigem outras posturas, como cuidado, sacrifício e tolerância.

ABSTRACT

This empirical article focuses on the teaching of grammar in school and the duality that still exists between traditional and discursive perspectives. After presenting a situational analysis of this scenario, it suggests a work strategy in order to eliminate theoretical radicalisms and reconcile the two perspectives.

Keywords: Grammar Teaching. Traditional Grammar. Discourse.

Referências

DECAT, M. B. N. Por uma abordagem da (in)dependência de cláusulas à luz da noção de 'unidade informacional'. *Scripta*, v. 2, n. 4, 1999, p. 23-38.

HOPPER, P. Emergent grammar. In: TOMASELLO, M. (Ed.). *The new psychology of language*: cognitive and funcional approaches to language structure. New Jersey: Lawrence Erlbaum Associates, 1998. Cap. 6.

KOCH, I. G. V.. Concordância associativa. *Scripta*, v. 4, n. 7, 2001, p. 69-77.

SILVA, E. Concepções de leitura e suas consequências no ensino. *Perspectiva*, v. 17, n. 31, p. 11-19, 1999.

resumo

Este capítulo, ao mesmo tempo em que encerra o livro, convida o leitor ao desafio de tomar o seu texto e a sua habilidade de leitor e produtor de texto como algo inacabado. Em seus quatro tópicos, foram abordados temas que o conduzem ao aperfeiçoamento contínuo.

No tópico "coesão e coerência", procuramos mostrar que há vários recursos disponíveis para que a tessitura de um texto contribua para a construção de seus sentidos locais e globais. Já no segundo tópico, abordamos o poder da argumentação e mostramos os tipos de argumentos que, normalmente, usamos, mas que, nem sempre, fazemos isso com a técnica necessária para ter êxito nos debates. No tópico 3, apresentamos um inventário de recursos estilísticos, com ênfase nas figuras de linguagem e, ainda nesse item, falamos sobre alguns vícios que prejudicam a linguagem e que, por isso mesmo, devem ser evitados. Para concluir, apresentamos as regras da nova ortografia e deixamos, aqui, o convite aos que ainda não as adotaram integralmente, para fazê-lo a partir de agora.

Esperamos que considere a ideia de que o texto está sempre em construção e, em virtude disso, habitue-se a revisar as suas produções e a melhorá-las sempre, utilizando as ferramentas aqui disponibilizadas. Bons estudos!

atividades

1 ▶ A sequência que melhor completa os vazios deixados no parágrafo abaixo é:

"Uma alimentação variada é fundamental .... seu organismo funcione de maneira adequada. Isso significa que é obrigatório comer alimentos diversificados. .... você esteja fazendo dieta, é importante tal estratégia. .... cuide da sua alimentação e tenha uma boa saúde!"

- a ( ) que / Caso / Portanto
- b ( ) para / Se / Assim
- c ( ) para que / Caso / Portanto
- d ( ) para / Caso / Para isso

2 ▶ A frase que melhor une as duas frases abaixo, empregando recursos coesivos e conservando o sentido é:

Trata-se de um rapaz estranho.
Eu vejo em seus olhos algo de misterioso.

- a ( ) Trata-se de um rapaz estranho em cujos olhos vejo algo de misterioso.
- b ( ) Trata-se de um rapaz estranho que vejo em seus olhos algo de misterioso.
- c ( ) Trata-se de um rapaz estranho e, por isso, vejo em seus olhos algo de misterioso.
- d ( ) Trata-se de um rapaz estranho, portanto, vejo em seus olhos algo de misterioso.

3 ▶ O sentido argumentativo de "para" na frase "O jovem usou muitos esforços para conquistar o amor da garota" é:

- a ( ) causa
- b ( ) condição
- c ( ) finalidade
- d ( ) conformidade

4 ▶ Em um debate político, determinado deputado argumentou com clareza, utilizando-se de algumas circunstâncias adverbiais. Identifique as relações estabelecidas no discurso.

- a relação de causa
- b relação de consequência
- c relação de concessão
- d relação de finalidade

   ( ) Não sou o culpado, *embora* sejam contundentes os argumentos do nobre colega.
   ( ) Nunca desviei verbas, *pois* tal procedimento não está de acordo com meus princípios.
   ( ) Os nobres colegas prolongaram *tanto* os seus discursos, *que* a plateia está exausta.
   ( ) Preciso de mais um tempo *para* expor os meus argumentos.

5 ▶ Uma das estratégias utilizadas por um debatedor é o argumento de identidade, cujo objetivo é reforçar o valor de quem fala. Das orações abaixo, qual não se enquadra nesse tipo de argumentação?

- a ( ) Meu pai é o Dr. Roark, o famoso advogado das estrelas.
- b ( ) Sou jovem, esforçada e excelente pesquisadora.
- c ( ) Luto contra a pena de morte, por não acreditar nesse tipo de penalidade.
- d ( ) Tenho certeza de que você ainda vai pensar como eu.

6 ▶ De todos os argumentos abaixo, apenas um pode ser considerado comprobatório. Marque-o:
- a ( ) O IBGE divulga que, em média, já existe um carro para cada 2 brasileiros em 2013.
- b ( ) Você gostaria que agissem com você assim como você age com o seu irmão?
- c ( ) Não há político honesto no Brasil.
- d ( ) Já que é um defensor ferrenho dos animais, por que não é carnívoro?

7 ▶ A figura de linguagem foi incorretamente identificada em:
- a ( ) O plim-plim da televisão interrompeu o programa (onomatopeia).
- b ( ) Na ausência, saudade; na presença, tormento (gradação).
- c ( ) O gosto amargo da saudade cheira a sofrimento (sinestesia).
- d ( ) Silenciosamente, o macaquinho saiu da sala (prosopopeia).

8 ▶ Marque a opção em que as duas figuras de linguagem estejam presentes no poema "O bicho", de Manual Bandeira (1947?):

> "Vi ontem um bicho
> Na imundície do pátio
> Catando comida entre os detritos.
> Quando achava alguma coisa,
>
> Não examinava nem cheirava:
> Engolia com voracidade.
> O bicho não era um cão,
> Não era um gato,
> Não era um rato.
> O bicho, meu Deus, era um homem."

- a ( ) Metáfora e gradação.
- b ( ) Pleonasmo e elipse.
- c ( ) Polissíndeto e gradação.
- d ( ) Silepse e metáfora.

9 ▶ "É preciso coragem. Encare as dificuldades de frente!". O vício de linguagem representado no período acima recebe o nome de:
- a ( ) ambiguidade.
- b ( ) arcaísmo.
- c ( ) pleonasmo.
- d ( ) eco.

10 ▶ Segundo a nova ortografia, qual das palavras a seguir está com a redação incorreta?
- a ( ) heróico
- b ( ) painéis
- c ( ) paranoia
- d ( ) (eles) vêm

GABARITO

1 – C; 2 – A; 3 – C; 4 – C A B D; 5 – D; 6 – A; 7 – B; 8 – A; 9 – C; 10 – A.

Referências

ALENCAR, J. de. *Lucíola*. 12. ed. São Paulo: Ática, 1988.

ALVES, C. *Vozes d'África*. São Paulo: [s. n], 1868. Disponível em: http://www.jornaldepoesia.jor.br/calves02.html. Acesso em: 29 maio 2015.

ANDRADE, M. Poesias completas. In:___. *Moça linda bem tratada*. São Paulo: Nova Fronteira, 1893. v. 1. Disponível em: http://www.escritas.org/pt/poema/4639/moca-linda-bem-tratada. Acesso em: 31 maio 2015.

ASSIS, M. de. O alienista. In:___. *Obra completa*. Rio de Janeiro: Nova Aguilar, 1994a. v. 2. Disponível em: <http://www3.universia.com.br/conteudo/literatura/O_alienista_de_machado_de_assis.pdf>. Acesso em: 1 jun. 2015.

ASSIS, M. de. *Dom Casmurro*. São Paulo: Ática, 1994b.

ASSOCIAÇÃO BRASILEIRA DE NORMAS TÉCNICAS. *NBR 6022*: informação e documentação: artigo em publicação periódica científica impressa: apresentação. Rio de Janeiro, 2003a.

ASSOCIAÇÃO BRASILEIRA DE NORMAS TÉCNICAS. *NBR 6028:* informação e documentação: requisitos para redação e apresentação de resumos. Rio de Janeiro, 2003b.

ASSOCIAÇÃO BRASILEIRA DE NORMAS TÉCNICAS. *NBR 10719:* informação e documentação: relatório técnico e/ou científico. Rio de Janeiro, 2011a.

ASSOCIAÇÃO BRASILEIRA DE NORMAS TÉCNICAS. *NBR 14724:* informação e documentação: princípios gerais para a elaboração de trabalhos acadêmicos. Rio de Janeiro, 2011b.

ASSOCIAÇÃO BRASILEIRA DE NORMAS TÉCNICAS. *NBR 15287:* informação e documentação: princípios gerais para apresentação de projetos de pesquisa. Rio de Janeiro, 2011c.

BANDEIRA, M. *O bicho*. [1947?]. Disponível em: <http://www.casadobruxo.com.br/poesia/m/bicho.htm>. Acesso em: 31 maio 2015.

BANDEIRA, M. Balõezinhos. In:___. *Berimbau e outros poemas*. São Paulo: Global, 2013. Disponível em: <http://www.casadobruxo.com.br/poesia/m/balao.htm>. Acesso em: 31 maio 2015.

BARBOSA, R. *Oração aos moços*. São Paulo: Faculdade de Direito, 1920. Disponível em: <http://www.academia.org.br/abl/cgi/cgilua.exe/sys/start.htm?infoid=191&sid=146>. Acesso em: 29 maio 2015.

BARRETO, L. *Triste fim de Policarpo Quaresma*. 17. ed. São Paulo: Ática, [1998].

BASTOS, C., KELLER, V. *Aprendendo a aprender:* introdução à metodologia científica. 18. ed. Petrópolis: Vozes, 2004.

BILAC, O. *Poesias*. 1865. Disponível em: <http://www.citador.pt/poemas/a-alvorada-do-amor-olavo-bilac>. Acesso em: 31 maio 2015.

BOPP, R. *Cobra Norato*. 17. ed. Rio de Janeiro: José Olympio, 1994.

BRASIL. Ministério da Educação e do Desporto. *Parâmetros curriculares nacionais*: terceiro e quarto ciclos do ensino fundamental. Brasília: MEC, 1998.

BRONCKART, J. P. *Atividade de linguagem, texto e discursos:* por um interacionismo sóciodiscursivo. São Paulo: EDUC, 1999.

BUARQUE. C. *Januária*. 1967. Disponível em: <http://www.chicobuarque.com.br/letras/januaria_67.htm>. Acesso em: 1 de jun. 2015.

BUARQUE, C. *Construção*. 1971a. Disponível em: <http://letras.mus.br/chico-buarque/45124/ Acesso em: 29 maio 2015.

BUARQUE, C. *Deus lhe pague*. 1971b. Disponível em: <http://www.chicobuarque.com.br/construcao/mestre.asp?pg=deuslhep_71.htm>. Acesso em: 1 de jun. 2015.

BUARQUE, C.; GUERRA, R. *Ana de Amsterdam*. c1972. Disponível em: <http://www.chicobuarque.com.br/construcao/mestre.asp?pg=anadeams_72.htm>. Acesso em: 1 de jun. 2015.

CAMÕES, L. V. de. Amor é fogo que arde sem se ver. In: ___. *Sonetos*. 1580. Disponível em: <http://www.citador.pt/poemas/amor-e-um-fogo-que-arde-sem-se-ver-luis-vaz-de-camoes>. Acesso em: 29 maio 2015.

CANALE, M. From communicative competence to communicative language pedagogy. In: RICHARDS, J.; SCHMIDT, R. (Ed.). *Language and communication*. New York: Longman, 1983.

CARVALHO, J. C. de. *Um ninho de mafagafes*. Rio de Janeiro: José Olympio, 1972.

CITELLI, A. *Linguagem e persuasão*. 3. ed. São Paulo: Ática, 1988.

DIAS, G. *Juca Pirama*. [1851]. Disponível em: <http://www.biblio.com.br/defaultz.asp?link=http://www.biblio.com.br/conteudo/GoncalvesDias/IJucaPirama.htm>. Acesso em: 31 maio 2015.

FILHO, A. *Cidade maravilhosa*. 1934. Disponível em: <http://pt.wikipedia.org/wiki/Hino_da_cidade_do_Rio_de_Janeiro>. Acesso em: 31 maio 2015.

FRANÇA, J. L.; VASCONCELLOS, A. C. *Manual para normalização de publicações técnico-científicas*. 8. ed. Belo Horizonte: Editora da UFMG, 2007.

GARCIA, O. *Comunicação em prosa moderna*. 26. ed. Rio de Janeiro: FGV, 2013.

GULLAR, F. *Não há vagas*. [S.l : s.n], 1963.

JAKOBSON, R. Linguistics and poetics. In: SEBEOK, T. (Ed.). *Style in language*. Cambridge: M.I.T. Press, 1960. p. 350-377.

KOCH, I. G. V. Concordância associativa. *Scripta*, v. 4, n. 7, p. 69-77, 2001.

LABOV, W. The transformation of experience in narrative syntax. In: LABOV, W. *Language in the inner city*: studies in the Black English vernacular. Philadelphia: University of Pennsylvania Press, 1972. p. 354-396.

LISPECTOR, C. *Correspondências*. Rio de Janeiro: Rocco, 2002.

MARANHÃO, C. Quer ser compreendido? Seja claro! In: GUIA do estudante: redação vestibular. São Paulo: Abril, 2008.

MARCUSCHI, L. A. Gêneros textuais: definição e funcionalidade. In: DIONÍSIO, Â. P.; MACHADO, A. R.; BEZERRA, M. A. (Org.). *Gêneros textuais & ensino*. Rio de Janeiro: Lucerna, 2002, p. 19-36.

MELO NETO, J. C de. *Poesias completas*. Rio de Janeiro: José Olympio, 1975.

MEYER, A. *Poesias*. Rio de Janeiro: São José, 1957.

MORAES, V. de. *O operário em construção*. 1959. Disponível em: <http://www.viniciusdemoraes.com.br/pt-br/poesia/poesias-avulsas/o-operario-em-construcao>. Acesso em: 1 de jun. 2015.

MURTA, A. R. Reflexões sobre pontuação: uma proposta para o uso da vírgula. In: MULTISSABERES na escola: algumas análises e propostas pedagógicas. Belo Horizonte: Veredas, 2013. No prelo.

OLIVEIRA, A. de. Poesias. In:___. *Nossos clássicos*. Rio de Janeiro: Agir, 1959.

PAIVA, M. *Redação discursiva oficial*. 2. ed. São Paulo: Alumns, 2013.

PESSOA, F. *Poema x mar português*. Lisboa: Edições Ática, 1959. Disponível em: <http://pensador.uol.com.br/frase/ODM2OTU/>. Acesso em: 31 maio 2015.

PESSOA. F. *Ode triunfal*. 1914. Disponível em: <http://www.jornaldepoesia.jor.br/facam02.html>. Acesso em: 29 maio 2015.

QUEIRÓS, E. de. *Os maias*. Porto: Livraria Internacional de Ernesto Chardron, 1888. 2 v. Disponível em: <http://www3.universia.com.br/conteudo/literatura/Os_maias_de_eca_de_queiros.pdf>. Acesso em: 31 maio 2015.

QUINTANA, M. A canção do exílio. In: GONZAGA, S. *Literatura brasileira*. c2002. Disponível em: <http://educaterra.terra.com.br/literatura/modernismo/modernismo_16.htm>. Acesso em: 1 de jun. 2015.

QUINTANA, M. *A rua dos cataventos*. 2. ed. São Paulo: Globo, 2005.

RAMOS, G. *Linhas tortas*. 21. ed. São Paulo: Record, 2005.

RUBENS, N. *Por melhores salários, professores fazem greve de fome em MG. Notícias Terra*, set. 2011. Disponível em: <http://noticias.terra.com.br/educacao/por-melhores-salarios-professores-

-fazem-greve-de-fome-em-mg,e97a1a4045cea310VgnCLD200000bbcceb0aRCRD.html>. Acesso em: 19 maio 2015.

SILVA, E. Concepções de leitura e suas consequências no ensino. *Perspectiva*, v. 17, n. 31, p. 11-19, 1999.

VELOSO, C. Qualquer coisa. 1975. Disponível em: <http://letras.mus.br/caetano-veloso/44766/>. Acesso em: 29 maio 2015.

VERÍSSIMO, É. *Ana Terra*. São Paulo: Globo, 1987.

VIEIRA, Pe. A. *Sermões*. 2. ed. Rio de Janeiro: AGIR, 1960.

LEITURAS RECOMENDADAS

EMEDIATO, W. *A fórmula do texto:* redação, argumentação e leitura. São Paulo: Geração Editorial, 2004.

KOCH, I. G. V. *A coesão textual*. São Paulo: Contexto, 1989.

SOLÉ, I. *Estratégias de leitura*. 6. ed. Porto Alegre: Artmed, 1998.

Índice

Números de página seguidos de *f* referem-se a figuras e *q* a quadros

A

Ambientes corporativos, interações em, 44
    atendimento face a face, 45
    atendimento telefônico, 45
    etiqueta ao conversar, 44
    gafes linguísticas, 48
    redação de e-mail, 47
    uso do celular, 47

Área administrativa, produções da, 39
    abaixo-assinado, 39
    ata, 39
    atestado, 39
    carta comercial, 39
    carta oficial (ou ofício), 40
    certidão, 40
    certificado, 40
    circular, 40
    currículo, 40
    declaração, 41
    edital, 41
    e-mail, 41
    procuração, 41
    recibo, 42
    requerimento, 42

Argumentos demonstrativos ou comprobatórios, 121
    dados estatísticos, 121
    exemplos, 121
    fatos, 121
    ilustrações, 121
    testemunho (ou argumento de autoridade), 121

C

Coerência textual, 110

Coesão referencial, mecanismos de, 110, 111
    coesão lexical, 111
    coesão por elipse ou apagamento (conjunção), 111
    coesão por referenciação, 111
    coesão por substituição, 111

Coesão sequencial, mecanismos de, 110, 112

Coesão textual, 110

Comunicação, linguagem e discurso, 1-30
    dissertação, 20
    domínios, gêneros e portadores discursivos, 8
    fala, 2
    injunção, 19
    língua, 2
    linguagem, 2
    teoria da comunicação, 3
    texto como atividade de linguagem, 6

tipos de discurso, 18
tipos textuais, 11
tipos textuais, esquema comparativo dos, 26q
Comunicação não verbal, 43
Conjunções
com função adversativa, 114
com função alternativa, 115
com função conclusiva, 114
com função explicativa, 114
com funções aditivas, 114
coordenadas e atos argumentativos, 113
Corporações, intervenção eficaz nas, 42

D
Discurso *ver* Comunicação, linguagem e discurso, 1-30
Dissertação, 20
argumentativa, 25
texto dissertativo, estruturação do, 21
Domínios, gêneros e portadores discursivos, 8
domínio discursivo acadêmico/científico/pedagógico, 9
domínio discursivo documental e jurídico, 10
domínio discursivo instrucional, 9
domínio discursivo íntimo e pessoal, 10
domínio discursivo jornalístico, 8
domínio discursivo literário, 9
domínio discursivo publicitário, 9
domínio discursivo religioso, 10
domínios discursivos, 8
gênero textual, 8
portador textual, 8

F
Figuras de harmonia, 131
aliteração, 131
assonância, 131
onomatopeia, 131
paronomásia, 131
Figuras de linguagem, 127
Figuras de palavra, 127
alegoria, 130
antonomásia, 130
catacrese, 129
comparação, 127
metáfora, 128
metonímia, 128
sinestesia, 130
Figuras de pensamento, 132
antítese, 132
apóstrofe, 132
eufemismo, 132
gradação, 133
hipérbole, 133
ironia, 133
paradoxo, 132
perífrase, 134
prosopopeia, 133
Figuras de sintaxe, 134
anacoluto, 137
anáfora, 135
anástrofe, 136
assíndeto, 134
elipse, 134
hipálage, 137
hipérbato, 136
pleonasmo, 135
literal, 135
vicioso, 136
polissíndeto, 136

silepse, 137
- de gênero, 137
- de número, 137
- de pessoa, 137

sínquise, 136

zeugma, 135

G

Gêneros *ver* Domínios, gêneros e portadores discursivos, 8

Gramática em discussão, 146

I

Injunção, 19
- gêneros injuntivos, 19
- suportes injuntivos, 19

L

Leitura, concepções e estratégias de, 32
- tipos de leitores, 34*q*
- visão moderna, 34
- visão tradicional, 33

Leitura, estratégias de, 34
- habilidades de leitura, 36
- leitura horizontal, 35
- leitura vertical ou analítica, 35
- relações contextuais ou pragmáticas, 36
- relações intertextuais ou culturais, 36
- relações textuais, 35

Leitura, habilidades de, 36
- compreensão e interpretação, 37
- identificação da informação, 37
- reflexão, 37

Leitura, produção e análise de textos, 31-61
- comunicação não verbal, 43
- concepções e estratégias de leitura, 32
- estratégias de leitura, 34
- interações em ambientes corporativos, 44
- intervenção eficaz nas corporações, 42
- lendo e produzindo textos acadêmicos-científicos, 48
- lendo e produzindo textos técnicos, 37
- produções da área administrativa, 39
- texto literário e suas especificidades, 54

Língua, atividade em construção, 109-153
- argumentos baseados em raciocínio lógico, 121
- argumentos baseados em raciocínio quase-lógicos, 122
- argumentos baseados em raciocínios falaciosos ou sofismas, 123
- argumentos demonstrativos ou comprobatórios, 121
- coerência textual, 110
- coesão referencial, 110, 111
- coesão sequencial, 110, 112
- coesão textual, 110
- gramática em discussão, 146
- nova ortografia, 140
- operadores lógico-semântico-argumentativos, 112
- pesquisa científica, exploração de um ensaio, 146
- programação, poder da, 119
- recursos estilísticos e vícios de linguagem, 127

Linguagem *ver* Comunicação, linguagem e discurso, 1-30

M

Metonímia, 128
- abstrato pelo concreto e vice-versa, 129

autor pela obra, 128
causa pelo efeito e vice-versa, 128
coisa pelo lugar, 129
continente pelo conteúdo e vice-versa, 128
instrumento pela pessoa que o utiliza, 129
inventor pelo evento, 129
lugar de origem ou de produção pelo produto, 128
matéria pelo produto e vice-versa, 129
símbolo pela coisa simbolizada, 129

N
Narração, elementos da, 15
   esquema estrutural da narrativa, 17f
   estrutura da, 17
   fato, 15
   lugar, 15
   modo, 16
   narrador, 16
      narração objetiva, 16
      narração subjetiva, 16
      narração-observador, 16
      narrador de 1ª pessoa, 16
      narrador de 3ª pessoa, 16
      narrador-personagem, 16
   personagens, 16
   tempo, 15
Nova ortografia, 140
   modificações no uso do hífen, 142, 145q
   modificações ortográficos no Português do Brasil, 140
   mudanças na acentuação, 140

O
Operadores lógico-semântico-argumentativos, 112
conjunções com função adversativa, 114
conjunções com função alternativa, 115
conjunções com função conclusiva, 114
conjunções com função explicativa, 114
conjunções com funções aditivas, 114
conjunções coordenadas e atos argumentativos, 113
orações subordinadas adjetivas, 115
orações subordinadas adjetivas explicativas, 116
orações subordinadas adjetivas restritivas, 116
orações subordinadas adverbiais, 117
período composto por subordinação e atos argumentativos, 115
Orações subordinadas adjetivas, 115
Orações subordinadas adjetivas explicativas, 116
Orações subordinadas adjetivas restritivas, 116
Orações subordinadas adverbiais, 117
   causa, 117
   comparação, 117
   concessão, 118
   condição, 118
   conformidade, 118
   consequência, 118
   finalidade, 118
   proporção, 119
   tempo, 118

P
Período composto por subordinação e atos argumentativos, 115
Pesquisa científica, exploração de um ensaio, 146
Portadores discursivos *ver* Domínios, gêneros e portadores discursivos, 8

Programação, poder da, 119
    discurso autoritário, 120
    discurso lúdico (jogo), 120
    discurso polêmico, 120

R

Raciocínio lógico, argumentos baseados em, 121
    raciocínio dedutivo, 121
    raciocínio indutivo, 122
Raciocínio quase-lógicos, argumentos baseados em, 122
    ad personam, 123
    analogia, 123
    compatibilidade e incompatibilidade, 122
    definição e identidade, 122
    desperdício, 123
    exemplo, 123
    ilustração, 123
    inseparáveis, 122
    modelo, 123
    pragmático, 122
    regra de justiça, 122
    retorsão, 122
    ridículo, 122
Raciocínios falaciosos ou sofismas, argumentos baseados em, 123
    argumento do dilema, 125
    argumentum ad baculum (ou recurso à força), 124
    argumentum ad hominen (ofensivo ou circunstancial), 124
    argumentum ad ignorantiam (pela ignorância), 124
    argumentum ad misericordiam (apelo à piedade), 124
    argumentum ad populum (apelo popular – emocional), 125
    enquadramento manipulador, 125
    falácias formais, 123
    falácias não formais ou materiais, 124
    falso argumento de autoridade, 126
    generalização, 125
    pergunta retórica, 126
Recursos estilísticos, 127
    figuras de harmonia, 131
    figuras de linguagem, 127
    figuras de palavra, 127
    figuras de pensamento, 132
    figuras de sintaxe, 134
    vícios de linguagem, 127, 138

T

Teoria da comunicação, 3
    esquema da, 3f
    funções da linguagem, 5q
Texto como atividade de linguagem, 6
    comunicação verbal escrita, atenção à, 7
    interacionismo sociodiscursivo, 6
Texto dissertativo, estruturação do, 21
    causa e consequência, 22
    comparação, 21
    conclusão, 24
    desenvolvimento, 24
    enumeração, 21
    explicitação, 23
    introdução, 24
    tempo e espaço, 22
Texto literário e suas especificidades, 54
    acróstico, 55
    alegoria, 55

anedota, 55
apólogo, 55
auto, 55
canção, 55
cartoon, 55
charge, 55
comédia, 56
conto, 56
cordel, 56
crônica, 56
diário, 56
drama, 56
elegia, 56
epitáfio, 56
epopeia, 56
fábula, 56
farsa, 56
hino, 56
jogral, 56
memórias, 56
novela, 56
ode, 57
ópera, 57
parábola, 57
paródia, 57
poema, 57
quadrinhos, 57
romance, 57
saga, 57
sátira, 57
soneto, 57
tirinha, 57
tragédia, 57
Textos acadêmicos-científicos, lendo e produzindo, 48
    artigo científico, 52
    ensaio, 49
    fichamento, 50
    monografia, 52
    monografia, estrutura da, 53q
    projeto de pesquisa, 50
    relatório, 50
    relatório, estrutura do, 51q
    resenha, 49
    resumo, 49
Textos técnicos, lendo e produzindo, 37
    redação acadêmico-científica, 38
    redação administrativa, 38
Tipos de discurso, 18
    discurso direto, 18
    discurso indireto, 18
    indireto livre, 18
Tipos textuais, 11
    cinco sentidos, 12
        audição, 12
        olfato e paladar, 12
        tato, 12
        visão, 12
    descrição, 11
    descrição da pessoa, 12
    descrição de ambiente, 13
    descrição de objeto, 14
    operação da descrição, 14
    narração, 15
        elementos da, 15
        estrutura da, 17

U

Uso da língua portuguesa culta, 63-107
    artigo, exploração de um, 90
    concordância nominal, 64
    concordância verbal, 67
    crase, 87
    pontuação, 80

reflexões sobre, 91
sinais de pontuação mais
  comuns, 81q
regência nominal, 74, 75q
regência verbal, 74
uso do porquê, 89

V

Vícios de linguagem, 127, 138
ambiguidade ou anfibologia, 138
arcaísmo, 139
barbarismo, 138
cacofonia, 138
colisão, 138
eco, 139
estrangeirismo, 139
hiato, 139
neologismo, 139
pleonasmo, 139
solecismo, 139

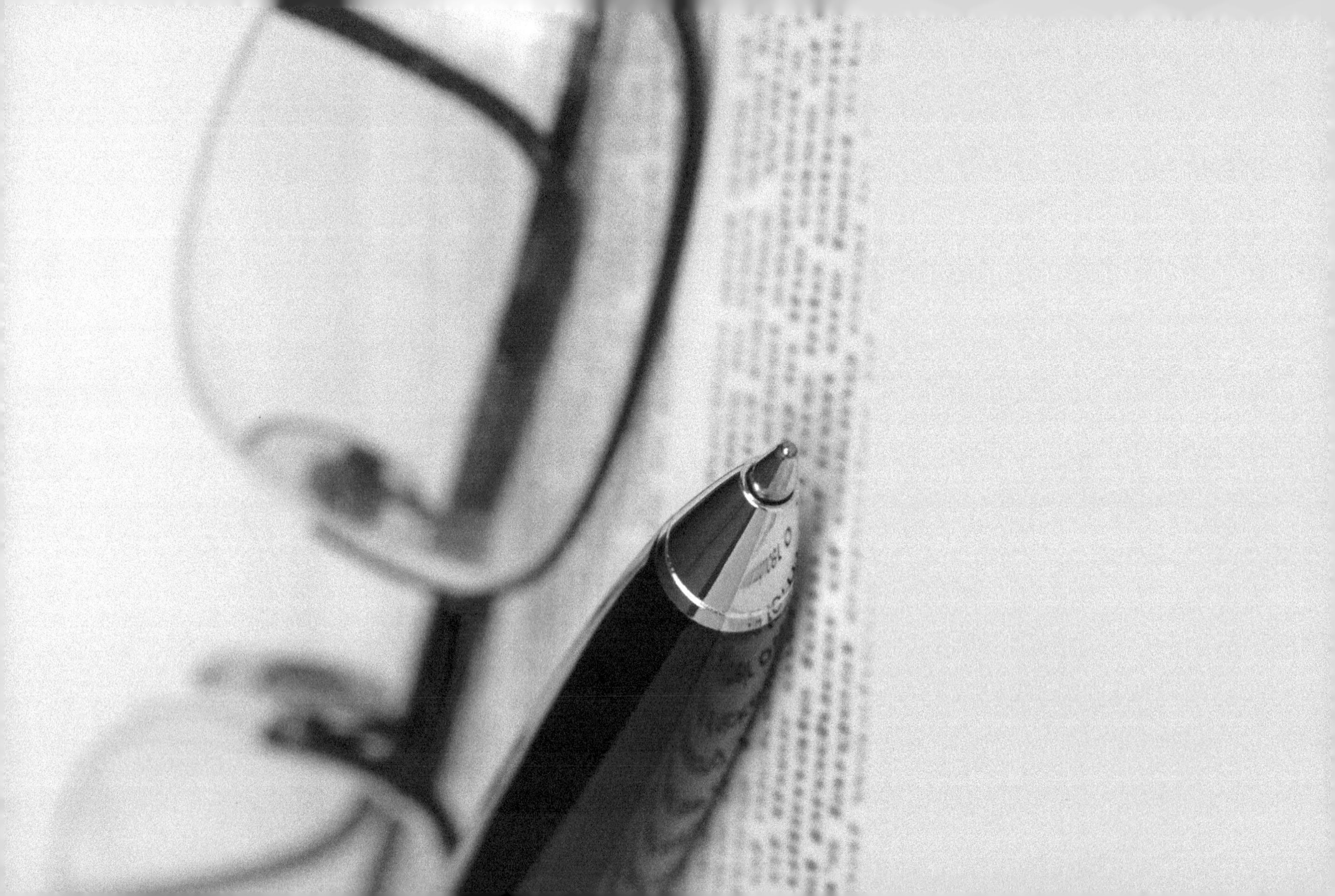